The Masterpieces of
Francisco Tárrega

타레가 걸작선 21

SRMUSIC www.srmusic.co.kr SHEETMUSICBEST.com

목차 / Contents

라그리마
Lágrima

해설: 토미카와 마사토모

●전체 포인트

'라그리마'의 연주 포인트를 살펴보겠다.

1) 3박자를 느끼면서 연주한다(제3박이 제1박에서 해결되는 느낌을 의식할 것!)
2) 멜로디, 내성(內聲), 반주의 성부를 의식한다.
3) 장조 부분과 단조 부분의 느낌을 정확히 구분해 연주한다.
4) 위의 포인트를 실현할 수 있는 운지를 채용한다.

'라그리마'는 포인트 **2)**가 어렵다. '아델리타'와 비교해 성부 구분이 명확하지 않다. 클래식 기타 연주 경험이 어느 정도 있는 사람이라면 음표의 기둥 방향이 성부를 판단하는 중요한 힌트라는 것을 알고 있다. 하지만 '라그리마'는 성부에 대한 다양한 해석이 가능한 곡이다. 예를 들어 4의 3박자째는 봉이 위쪽을 향하고 있어서 단순하게 선율이라고 생각해도 되는지 혼란스럽다. 6의 2박자째의 도#음도 선율인지 저음인지 판단하기 어렵다. 7도 어느 것이 멜로디, 저음, 내성인지 매우 곤란하다.

결론부터 말하면 멜로디로도 반주(저음 또는 내성)로도 판단할 수 있는 음이 많은 곡이다. 그 애매한 부분에 대한 판단은 다양한 가능성을 찾아본 후에 연주자에게 맡겨진 것이라고 생각하면 된다.

곡 전체의 타이틀인 '눈물'을 연주자가 어떻게 해석해도 좋다고 생각한다. 성모 마리아의 자비의 눈물이라 생각해도 되며, 자식을 생각하는 어머니의 눈물이라고 생각해도 된다. 다만 펑펑 우는 것이 아니라는 것은 분명하다. 조용히 흘러내리는 맑은 눈물의 이미지를 가지고 연주해야 하며, 이 이미지를 전달할 수 있는 음색을 내는 것도 중요하다.

감정의 흐름에 대해서다. 전반부의 장조 부분은 침착한 이미지다. 하지만 당장이라도 넘쳐흐를 것처럼 북받치는 감정을 억제하는 부분이라고 생각한다. '정적(靜的)'이라기보다는 '내적(內的)'이라고 생각하므로 감정을 그대로 드러내지 않고 미묘한 감정의 움직임을 표현하는 것이 좋다. 후반의 단조부분은 더욱 '동적(動的)'이다. 감정의 기복이 또렷하게 선율과 리듬에 나타난다. 17에서 갑자기 나타나는 기복이 심한 프레이즈와 19에서 나오는 싱커페이트하는 선율의 리듬에도 주의하자.

●전반

1~2의 운지는 악보에 따라서 다른 점이 많다. 왼손의 포지션을 중요시한 운지의 악보도 많다(**악보 예1**).

악보 예1

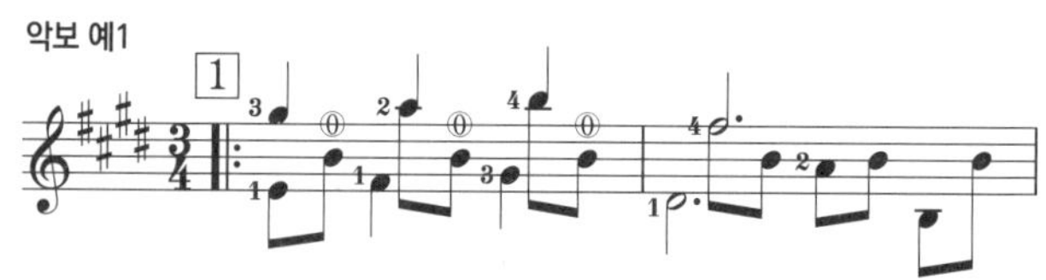

6페이지의 악보처럼 선율을 모두 손가락 4개로 눌러서 '가이드 핑거'로 이용하는 운지도 많이 사용한다. 선율을 매끄럽게 '레가토'로 들리게 하기 위한 운지다. 손가락 4개를 이동시킬 때에는 줄에서 손가락을 완전히 떼지 않아도 된다. 하지만, 아래 성부인 4번 줄 부분은 노이즈가 발생하기 쉬우므로 포지션 이동을 할 때에는 손가락을 줄에서 떼고 이동한다. 멜로디인 솔#→라→시를 약간의 아첼레란도(accelerando) 느낌으로 연주하면 선율의 정점에 도달하는 긴장감을 표현할 수 있다. 그 긴장감은 다음 소절 1박자째의 파#에서 해소된다. 제3박자에서 제1박자로의 연결을 의식한 것이다.

2와 4를 비교해보면 음의 형태는 같지만 '기둥'의 방향이 다른 부분이 있다. 4의 3박자째는 '기둥'이 위로 나와 있다. 앞에서부터의 연결을 생각하면 반주의 감각으로 생각하는 편이 어울릴 것 같다. 하지만, 이 '기둥'의 방향에 의미를 주어야 한다. 5의 선율은 이 곡의 최고음인 '미'다. 최고음으로 상향해서 올라가기 위한 도움닫기로 생각할 수 있다. 2보다는 강하게, 앞에서부터 이어지는 기세를 줄이지 않고 연주하는 것이 좋다.

6의 왼손 운지는 6페이지 악보의 상태로도 좋다. 하지만 3박자째 뒤의 라~7의 1박자째 솔#으로의 연결이 끊어지기 쉽다는 점과, 3번 줄 13프렛 솔#의 음은 음정(피치) 컨트롤을 하기 어렵다는 점이 마음에 걸린다. 이것을 해결하기 위해서 많은 기타리스트가 **악보 예2**와 같은 운지를 사용하고 있다.

이렇게 연주하면 6뒤에서부터의 선율인 라→솔#을 같은 2번 줄에서 연주하므로 3박자째~1박자째로의 해결감도 더욱 잘 느껴질 것이다. 많은 기타리스트가 채용하는 운지다.

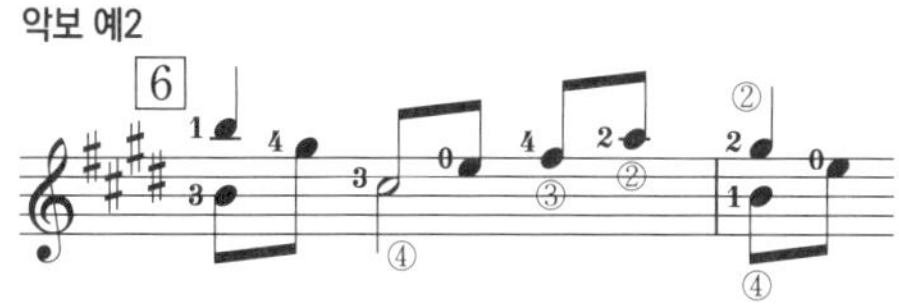

장조를 마무리하는 7~8 부분도 선율, 저음, 내성이 애매하다. 나는 내성을 중시해서 연주하고 있으며, 이로 인해서 7의 내성에 재미있는 리듬이 생긴다**(악보 예3)**.

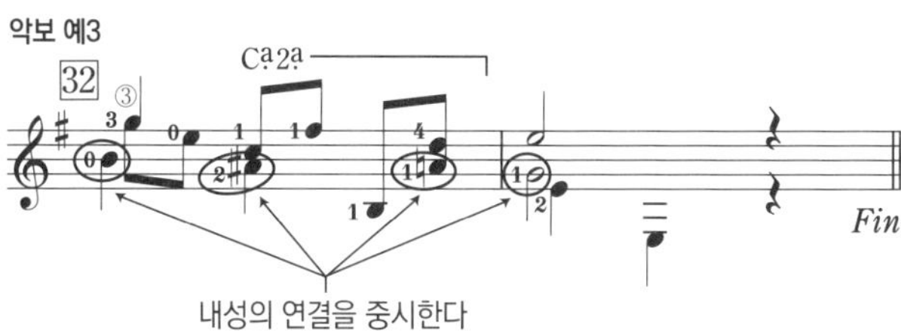

5~8까지를 하나의 프레이즈로 의식한다는 의미로 이 부분의 저음(또는 내성) 진행을 잘 듣고 연습하는 것이 중요하다**(악보 예4)**.

●후반
17부터의 프레이즈는 이렇게 그룹으로 나누면 표현을 하기 쉬워질 것이다**(악보 예5)**. 17의 3박자째의 멜로디를 제대로 내기 위해서는 오른손의 터치(a손가락)에 주의해야 프레이즈가 매끄

럽게 들릴 것이다.

18을 악보대로 운지하면 포지션을 이동할 때에 4번 줄의 노이즈가 거슬리는 경우도 많을 것이다. 만약 이와 같은 왼손 운지를 선택할 경우에는 포지션 이동 시에 반드시 4번 줄에서 손가락을 떼야 한다. 이 노이즈를 피하기 위해서 모두 1포지션 위에서 잡는 방법도 있다**(악보 예6)**.

19의 1박자째 앞은 앞에서부터의 3도 음정에 의한 프레이즈의 종착점이라고 생각할 수 있다. 3도 음정을 너무 강하게 연주하면 앞부분의 3도 음정에 의한 프레이즈가 의미를 잃게 된다. 19의 1박자째 뒤부터 싱커페이션하면서 20의 1박자째 파#으로 향하므로 멜로디는 정확히 연결시켜야 한다.

20의 세하를 유지하면서 상행 슬러를 하는 것은 기술상 어렵다. 음색을 고르게 하면서 서두르지 말고 정확히 연주하자. 20의 3박자째는 선율로 생각해도 된다. 여기서부터 프레이즈가 시작되어 21은 템포를 빠르게 한다. 아첼레란도로 시간을 벌고, 22의 레에서 머문다. 비브라토를 걸어서 레를 잘 들려준다. 레에서 하강하는 부분을 약간 가속하면서 연주하면 다음 23의 리타르단도가 잘 살아날 것이다. 이곳의 템포 루바토가 이런 점에서 가장 드라마틱한 부분이라고 생각한다.

23 3박자째~24 1박자째의 저음 진행은 반음을 의식하면서 확실한 해결감을 연출한다. 이 부분은 화음만 의식해서 연주하는 사람이 많다. '가로'의 연결, 즉 성부의 흐름도 의식하면서 연습하기 바란다.

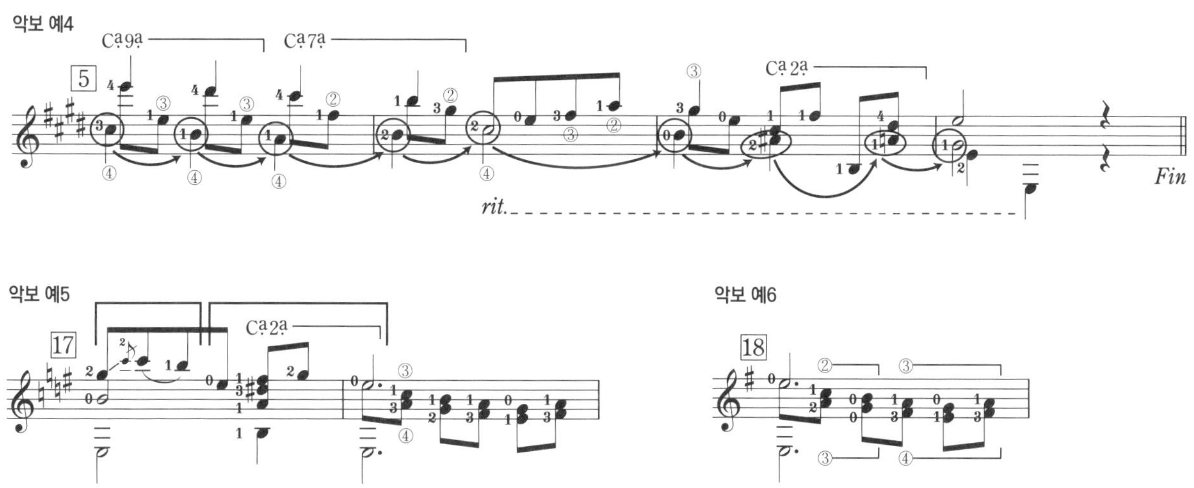

Lágrima
라그리마

2 아델리타
Adelita

해설: 토미카와 마사토모

●**전체의 주의점**

'라그리마'와 비교하면 선율과 반주가 명확하게 나뉘어져 있으며, 그런 점에서는 문제가 적은 곡이다. 부제로 '마주르카(Mazurka)'가 붙어있으므로 리듬감을 소홀히 해서는 안 된다. 이 리듬의 재미가 이 곡의 매력이다.

전체적으로 2박자째에서 '찌르고 들어가는 듯한 느낌'으로 연주하면 마주르카다운 표현을 할 수 있을 것이다. 쇼팽의 피아노곡의 마주르카 연주를 들어보는 등, 리듬의 특징을 연구하는 것도 좋은 방법이다.

기술적인 어려움은 하강 슬러, 즉 '리가도(*ligado*)'를 많이 사용하고 있다는 것이다. 이것은 왼손만으로 소리를 내는 테크닉으로, 음색과 음량을 자유자재로 컨트롤할 수 있어야만 한다. 슬러의 다음 음에 무의식적으로 악센트가 들어가거나, 손가락을 떼는 타이밍의 컨트롤이 안 되어 급하게 연주하지 않도록 주의 깊게 연습하기 바란다.

전반부는 같은 곳을 2번 반복한다. 따라서 1회째와 2회째의 표현의 농도를 달리하거나 음색을 변화시키는 등(사운드홀 부근에서 연주한다, 브릿지 부근에서 연주한다), 단조로운 연주로 들리지 않도록 하는 노력이 필요하다.

●**전반**

프레이즈가 1소절+1소절+2소절의 단위로 나뉜다고 생각하기 바란다. 3소절~4소절을 한 호흡에 프레이징하지 않으면 좀스러운 인상을 줄 수 있기 때문이다.

1~4까지는 조금씩 긴장감을 높인다. 4의 2박자째 '시'에 주목하기 바란다. 이 음은 3부터 시작되는 프레이즈의 끝인 동시에 5로 연결되는 프레이즈의 첫 음이기도 하다. 프레이즈의 교차점인 것이다(**악보 예1**).

악보 예1

프레이즈를 마무리하는 음이기 때문에 약하고 깔끔하게 연주하면 연결되는 프레이즈로의 에너지를 잃어버리게 된다. 앞부분의 끝인 동시에 다음 부분의 시작을 의미하도록 적절한 존재감을 주는 음량으로 연주하는 것이 중요하다. 먼저 '시'로 프레이즈를 마치는 연습을 한 다음, 이번에는 4의 2박자째부터 프레이즈를 시작하는 연습을 한다. 4의 2박자째부터 3박자째에 걸쳐있는 크레셴도는 '시'를 시작으로 의식한 기호다.

4 시작 부분의 꾸밈음 때문에 이 부분에서 프레이즈가 시작되는 것처럼 연주하지 않도록 해야 한다. 이를 위해서는 먼저 꾸밈음을 제거하고 3~4의 프레이즈를 연주하는 연습을 하자. 3의 3박자째 '솔'이 4의 파#→미를 경유해서 '시'로 안정되는 느낌을 파악한 다음에 꾸밈음을 넣어서 연습한다. 그리고 꾸밈음보다 선율인 마지막의 '파#'이 또렷하게 소리를 내도록 한다. 악센트가 붙어있으므로 이 음이 잘 울리도록 기다린 후에 연주하는 것도 좋은 방법이다.

5부터도 1소절+1소절+2소절의 프레이징이다. 7~8에서 일단 마친다. 7의 3박자째의 화음은 선율을 부각시키기 위한 것이다. 멜로디의 '솔'이 나온 순간에 '솔' 이외의 음을 뮤트해서 멜로디만 남겨 비브라토를 거는 표현법도 이 곡의 인상과 잘 맞는다. 이것은 '안드레스 세고비아 스타일'의 테크닉이며 표현수법이다. 매우 기타리스트다운 방법이므로 너무 많이 사용하지 않고 포인트로 사용하면 효과적이다.

●**후반**

후반은 E장조다. 17과 18은 음의 형태가 같다. 이처럼 같은 프레이즈가 2회, 동일한 형태로 반복될 때에는 긴장감을 높여가는 부분인지, 또는 반대로 긴장감을 완화시키는 부분인지 중에서 어느 쪽인지를 생각하는 것이 좋다.

결론을 말하면, 이 경우는 긴장감을 높여가는 부분이다. 19의 2박자째에 이 곡의 가장 높은 음인 '미'가 있다. 이 '미'를 향해 가기 위해서 에너지를 모으고 있는 부분이 17과 18의 같은 모양의 프레이즈다.

비유하자면 자동차의 가속페달을 1회, 2회 밟아서 엔진을 돌리는 이미지다. 이 감각을 얻기 위해서는 먼저 반주형만 꺼내서 아고기크(Agogik)를 다양하게 변화시켜 엔진을 준비운동 시키는 뉘앙스에 가까운 표현을 찾아보자.

17은 느긋하게 새로운 프레이즈를 들려주는 느낌으로 연주한다. 18의 같은 형태의 프레이즈는 템포를 빠르게 하면서 단숨에 19 2박자째의 '미'까지 힘차게 올라가는 느낌으로 연주하기 바란다.

가장 높은 음인 '미'부터 순차적으로 '미→레#→도#→시→라'로 프레이즈가 하강한다. 이 부분도 전반의 4와 같은 경우다. 20의 '라'가 끝이며 시작인 것이다. 가장 높은 음인 '미'에서 잠시 머물러 잘 들려준 다음, 공이 완만한 언덕을 굴러 내려가듯이 라까지 순차적으로 선율이 하강한다. 이 이미지를 표현하기 위해 약간의 아첼레란도 느낌으로 연주하면 좋다. 마지막의 라에서 일단 공은 평지에 도착한다. 그렇다고 해서 음악의 흐름이 완전히 멈춘 것은 아니다. 아직 약간의 에너지가 남아있으며, 라에서 21의 1박자째 솔#까지 속도를 줄이면서 음악의 흐름이 이어진다. 공이 언덕을 다 굴러 내려왔더라도 한동안 평지를 굴러간다. 이렇게 공이나 자동차의 운전 등의 '운동'으로 비유하면 음량과 속도의 변화를 이해하기 쉬울 것이다.

21부터 다시 약간만 '액셀'을 밟아준다. 원래 템포로 돌아오면서 22의 '솔#'까지 단숨에 달려 올라가는 느낌이다. 테크닉적으로 어려운 점은 21 3박자째의 멜로디를 표현하는 것이다. 화

음 안에 있는 4번 줄 '미'의 멜로디가 잘 들리도록 의식하며 연주하기 바란다. 17 프레이즈에서 옥타브를 내렸다는 점에도 주의를 기울이자(**악보 예2**).

22부터는 음의 그룹을 의식한다. 각각의 음의 그룹은 위로 향하려는 지향성을 가지고 있다. 하지만 전체적으로는 조금씩 포기한 것처럼 위로 향하려는 것을 그만둔다. 조금씩 계단을 내려가듯이 에너지를 줄여나간다(**악보 예3**). 22~23까지 점음의 리듬을 능숙하게 사용하면서 음의 그룹을 나눈 것에도 주의하기 바란다.

Adelita

Mazurka

아델리타

Francisco Tárrega

<table><tr><td>3</td><td>

프렐류드 제2번
Preludio No.2

</td></tr></table>

해설: 마누엘 바빌로니

전체적으로 이 프렐류드에는 명확한 멜로디가 있다. 저음부는 상성부와 대화를 하듯이 항상 짝을 이루고 있다. 여기서는 참고를 위해 시작 부분만 악보 예를 들었다. 각자 끝까지 이 관계를 쫓아보기 바란다**(악보 예1)**.

악보 예1

중성부는 뒷박자에서 반주를 한다. 이 프렐류드는 매우 고도의 조바꿈을 하며, 긴장감은 타레가의 음악 중에서도 매우 강렬하다. 구체적으로 세부적인 부분을 살펴보자.

①의 멜로디인 도는 4박자로 늘여야 하므로 아포얀도를 해서 약간의 비브라토를 건다. 이것은 점2분음표와 4박자로 늘여야 하는 곳에서는 공통이다. 주의할 점은 저음부에 나타나는 라→미→파가 멜로디에 대한 대답이라는 것이다. 여기서는 화성이 움직이기 시작한다. 멜로디는 항상 나타나는 화성의 움직임과 동시에 살펴봐야만 한다. ②에서 이미 화성이 움직이기 시작했으며 ③에서는 평행조로 조바꿈을 한다.

포지션 이동에 대해서 살펴보자. 이런 종류의 프렐류드에서 어려운 것이 레가토 연주다. 아라스트레(arrastre)했을 때에 저음현에서 나오는 노이즈를 조금이라도 줄이기 위해서 작게 세하를 하고 있는 1번 손가락은 살짝 띄우는 것이 좋다. ②의 C.5에서 C.3으로의 이동에서 시도해보기 바란다.

항상 다음 세하를 준비하는 것도 중요하다. ⑥ 3박자째 2에서 누른 시#은 ⑦ 1박자째의 도#으로 이동해야만 한다. ⑨~⑪에서 3연속 작은 세하의 이동이 나온다. 하지만 ②에서 사용한 테크닉은 여기서는 사용할 수 없다. 1번 손가락이 줄을 누른 상태로 포지션을 하지 않으면 음이 끊겨져 버린다. 이 3소절은 좋은 공부가 되므로 반복해서 연습해보자.

⑯ 중성부의 ⑤번 줄의 솔은 ⑰ 1박자째의 파로 이동한다. 이 움직임이 포지션 이동을 했을 때 음이 끊어지지 않도록 하기 위한 포인트다. *cresc.*와 함께 포지션 이동이 어려운 곳이므로 반복해서 연습하자. ⑮의 저음, 2박자째의 시부터 라→⑯의 도는 *cresc.*를 위한 준비다. 그리고 ⑯의 멜로디, 레#→도→도는 정확히 크레센도를 해야 한다. ⑰의 2박자째에 붙인 악센트 기호는 정확히 4분음표 2개만큼 늘이기 위한 것이다. 다음의 파는 상성(上聲)이기도 하고 저음부이기도 하다**(악보 예2)**.

여기서부터 카덴차. 따라서 지금까지 규칙적이었던 상성과 저음의 관계는 사라진다. 2번 괄호(㉓) 2박자째부터 나오는 저음 솔→라→파는 매우 중요하다. 이와 관계가 있는 ㉔ 2박자째부터 ㉕에 걸친 멜로디도 노래하듯이 연주해야 한다.

나는 이 프렐류드를 연주할 때 멜로디(상성부)와 몇 가지 저음은 아포얀도로 연주한다. 다시 한 번 설명하지만 상성과 저음은 명확하게 대화 형식을 이루고 있다. 그리고 중성부는 약간 리드미컬하게 연주하지만 절대로 대화를 방해하지 않도록 한다. 잠시라도 방심하면 여기에만 구멍이 뚫리므로 항상 긴장감을 유지하며 연주한다.

나에게 이 프렐류드는 가장 많은 연습시간이 필요했다. 아마도 그건 이 프렐류드가 누구에게 선물하기 위해서 만들어졌다는 것과도 관계가 있을 것이다. 여러분은 당연히 알고 있듯이 그 대상은 타레가의 애제자인 미구엘 로벳이다.

이 작품은 왼손의 움직임이 매우 어려우며, 완벽하게 만들어져 있어 음악적인 변화가 풍부하다. 타레가는 로벳이라면 이 프렐류드를 잘 연주할 수 있다고 생각했던 것이다.

악보 예2

Preludio No.2

프렐류드 제2번

Francisco Tárrega

해설: 케즈카 코우이치

4 프렐류드 제5번
Preludio No.5

〈타레가 전주곡집〉에서 가장 유명한 곡이다. 기술적으로는 포르타멘토 방법, 하이포지션의 지판 누르기, 안정감 있는 터치, 음악적으로는 프레이즈의 성격 정하기, 하모니의 성격 정하기 등 소품이지만 연주상의 과제가 가득 담겨있다. 먼저 기술적인 면부터 검증을 해보자.

●포르타멘토에 대해서

일반적으로 타레가의 곡에서 주법상 주의할 점은 포르타멘토의 연주 방법이다. 이것은 고전시대의 글리산도와 확실히 구별해야만 한다.

포르타멘토는 기타의 고유한 주법이 아니다. 성악은 물론 바이올린, 첼로 등의 현악기에서도 볼 수 있는 것으로 그 느낌은 가장 친근한 '노래'에서 찾을 수 있다. 특정 음에 대해서 낮은(높은) 피치에서 다가가는 노래 방법은 팝스나 가요를 떠올리면 이해하기 쉬울 것이다.

⑤소절째는 3중음의 포르타멘토(**악보 예1**)에서 특히 인상적인 부분이다. 정음(실음부)인 화음을 지판을 눌러 연주한 후 1, 2, 3번 손가락을 슬라이드 시켜서 7포지션에 도달했을 때 4번 손가락으로 솔#을 때려(해머링) 보조음(꾸밈음부)을 연주한다. 이어지는 화음(3박자째)은 지판을 누른다. 이러한 포르타멘토에서는 다음 4가지에 주의해야 한다.

1) 정음의 음가에 주의한다.
2) 보조음이 잘 들리게 연주한다.
3) 슬라이드를 할 때 보조음을 향해서 지판을 누르는 힘을 늘린다.
4) 보조음을 향해서 슬라이드를 가(감)속한다.

기보와는 달라지지만 보조음을 1번 줄이나 4번 줄로 한정해서 포르타멘토를 하는 경우도 있다. 이와 같은 중음의 포르타멘토는 바이올린에서도 종종 나오며, 연주자의 취향에 따라 줄 하나를 선택하는 경우가 많다.

⑥소절째는 3박자째 도#에서 하강하는 예(**악보 예1**)다. 포르타멘토 하기 전에 정음을 자르지 않도록 주의하면서 세하를 풀어야 한다. 하행 포르타멘토는 상행에 비해서 소리가 잘 나지 않으므로 위에서 말한 3)과 4)에 더욱 주의해야 한다.

⑨소절째(**악보 예2**)는 2번 줄 레#부터 도#까지의 긴 포르타멘토다. 악기의 특성상, 정음이 보조음보다 약해지는 것은 어쩔 수 없지만, 보조음을 강하게 연주하지 않거나 보조음을 길게 늘이지 않는 등의 방법으로 이 결점을 보완할 수 있다.

기보상 보조음을 화성음으로 설정한 경우는 레#이지만, 실제로는 9~10프렛부터 스타트해도 된다. 긴 거리의 포르타멘토는 때로는 분위기를 해칠 수 있으므로 연주자에 따라서는 길이를 줄여서 연주하는 경우도 있다. 정음이 부각되면 되는 것이다.

●하이포지션의 지판 누르기

특히 어려운 것은 **악보 예1**의 지판 누르기와 이동이다. 주목할 점은 1번 줄과 4번 줄이 1옥타브를 이루고 있다는 것이다. 먼저 2번 줄과 베이스를 제외한 연습을 해보자. 옥타브의 형태가 이동 중에 무너지지 않도록, 그리고 프렛 사이의 거리를 정확하게 유지하면서 연습해야 한다. 그러기 위해서는 왼손 손목의 자세와 엄지손가락의 서포트 위치도 중요하다. 옥타브가 안정되면 2번 줄이나 베이스를 추가하기 쉬워진다.

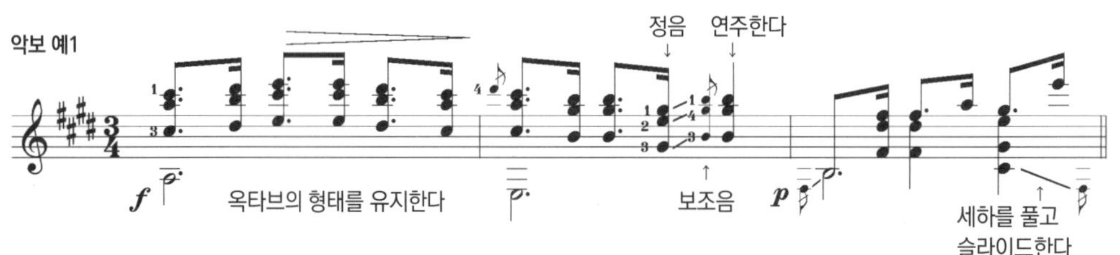

●터치에 대해서

여기서는 음악적인 의미에서가 아닌 안정된 음질을 위한 터치를 생각해보겠다.

멜로디가 흐르는 동안, 베이스와 함께 멜로디의 터치, 화음과 함께 멜로디의 터치, 아포얀도와 알아이레의 차이, 어려운 부분에서의 힘 조절 등에 의해 음질이 달라지는 안 좋은 예는 많이 있다.

음을 균일하게 내는 것이 가장 중요하지는 않지만, 안정된 음질과 음량의 터치를 익히는 것은 아름다운 연주에서 필수적인 요소다. 이를 위해서는 음을 잘 듣는 것 이외의 개선방법은 없다. 멜로디만 빼내서 연주해보기도 하면서 이상적인 음질을 찾아보자.

이상이 기술적인 부분의 대략적인 요점이다. 다음은 음악을 포함한 전체의 흐름을 살펴보자.

●전반: ①~⑩소절

②소절 2박자째의 세하는 앞의 '시'가 끊어지지 않도록 줄을 연주하는 타이밍에 누른다. 가벼운 악센트가 들어가며, 이것은 뒤의 ⑦소절째 3박자째의 악센트와 대비되는 것을 의식하자. ③소절째까지를 1프레이즈로 본다.

④소절째의 ƒ는 4도 위의 울림을 느끼면서 충분히 밝게, 멜로디의 음질에 차이가 없도록 연주한다.

⑥~⑦소절은 분위기가 𝑝로 바뀐다. 감성적인 3박자째 화음의 울림을 느끼기 바란다. 약주 부분이면서 3박자째의 악센트에서는 차분한 느낌도 낸다.

⑧~⑩소절에서는 단선율에 의한 매끄러움과 소리의 아름다움을 어필한다. 자신의 터치와 악기의 매력을 끌어내보자.

●후반: ⑪~⑳소절

⑪~⑬소절은 시작부분과 같은 분위기로 시작한다. 2박자째의 악센트를 잊지 않도록 하자.

⑭~⑮소절은 단조의 약주부분이다. 우울한 느낌의 이 프레이즈는 리듬의 통통 튀는 정도를 완만하게 하는 것도 효과적이다. 하모닉스도 멜로디의 일부다. 음량과 음질에 신경을 쓰면서 연주하기 바란다.

⑯~⑰소절은 앞의 단조에서 분위기가 바뀌어 밝게 느껴지며, 1박자째의 베이스(악센트가 붙은 시)가 인상적이다. ⑰소절 베이스의 꾸밈음은 뻣뻣해지지 않도록 충분히 소리를 낸다. 반마침을 한 페르마타는 긴장감을 유지하면서 다음 타이밍을 노린다.

⑱~⑳소절은 정리하는 프레이즈다. *a tempo*의 템포 설정에 주의하기 바란다(원래 속도보다 빠르게 연주하는 사람이 많다). 4도의 화음에서 𝑝로 들어가는 자연스러움이 큰 특징이다.

*molt rit.*는 곡을 마치기 위한 것으로 실질적으로 ⑳소절의 제1음에서 멜로디가 정리된다.

●엔딩

⑳~㉔소절은 약주로 엔딩을 한다. 해피엔딩의 느낌이다. 낮은 성부의 선율은 시작부분의 선율을 회상하게 한다. 2박자째의 악센트는 화음의 울림에 인상을 주는 정도로 살짝 연주한다.

●전체적으로

귀에 익숙한 멜로디. 하지만, 꼼꼼하게 감상해보면 각 프레이즈는 2소절인 경우와 3소절인 경우가 있어 언밸런스하고 뒤죽박죽인 느낌이 있다. 각각의 프레이즈가 가진 느낌과 관련성을 검토해 곡의 스토리를 만들어 잘 맞아떨어지도록 연주하기 바란다.

악보 예2

Preludio No.5

프렐류드 제5번

Francisco Tárrega

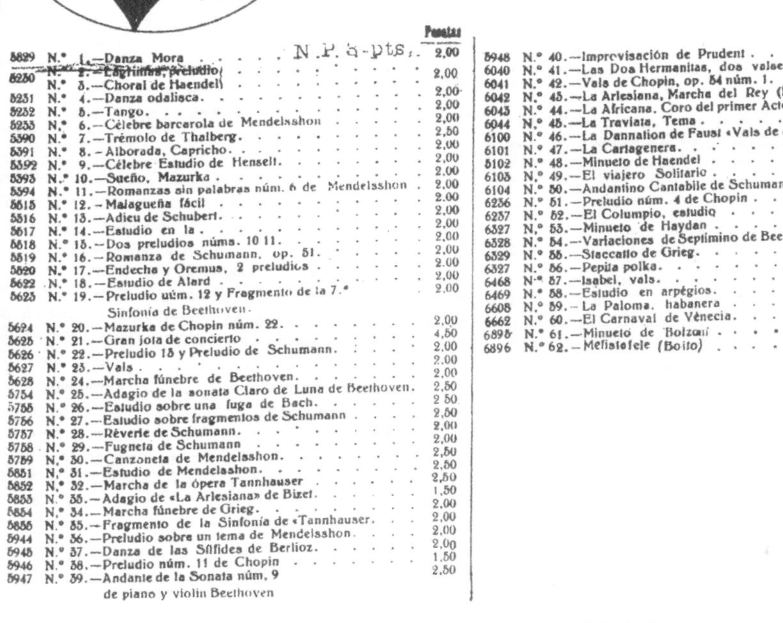

〈타레가 작품집〉 초판보 표지

5 프렐류드 제11번
Preludio No.11

해설: 케즈카 코우이치

이 곡은 다른 '전주곡'에 비해 기술적으로 어려운 부분은 그다지 없다. 시작 부분의 '10프렛 세하'와 아르페지오를 울리게 하기 위한 '손가락을 세워서 지판 누르기', 마지막에 나오는 '화음의 탄현'이 주요한 부분이다.

곡의 해석에 대해 많은 것을 이야기하기에는 정보가 너무 적어 각자의 상상력과 이미지에 의존하는 부분이 많다.

●세하에 대해서

여기서는 세하에 대해서 생각해보겠다. 악보 상에서는 시작 부분에 10프렛 세하의 운지가 있지만 실제로 세하가 필요한 것은 ②소절 1박자째뿐이다. 이곳은 화음의 형태에 안정감이 있으므로 특별히 세하가 지판을 누르는데 스트레스가 되는 일도 없을 것이다. 필요한 곳 이외에는 세하를 하지 않고 지판을 누르기 바란다.

다음의 ④소절 1박자째의 화음에도 세하가 있다. 하지만 이것도 마찬가지로 불필요하다. 일반적으로 운지의 앞뒤 관계에 따라서는 세하가 편리한 경우도 있지만, 이 곡의 경우는 지시대로 세하를 할 필요는 없다(⑨소절 2박자째는 세하가 필요하다).

●손가락을 세워서 지판 누르기

4분음표의 멜로디에 대해서 셋잇단음의 아르페지오가 있으므로 멜로디를 지속시키면서 하모니를 울리게 할 필요가 있다. 따라서 화음은 손가락을 세워서 지판을 눌러야만 한다. 특히 ③소절 1박자째와 같이 힘든 운지에서 3번 손가락을 세우면 4번 손가락으로 쉽게 지판을 누를 수 있다. 손가락을 세우는 것과 함께 주의할 점은 지판을 누르는 손가락의 순서다. 손가락 3개로 단숨에 누르면 실수를 하기 쉽고 앞의 진행에서 이동이 어려워져 멜로디가 끊어져버린다. 따라서 줄을 연주하는 순서에 맞춰서 지판을 누르는 방법을 잘 생각해보자.

●화음의 지판 누르기

⑨소절 이후는 중음만 나온다. 화음의 세기와 타이밍이 따로 놀지 않도록 잘 듣고 체크하기 바란다. 오른손 손가락은 손가락 사이를 벌리지 않아야 한다. 가볍게 닫은 상태를 유지하고 지판을 누르는 깊이에도 차이가 없도록 한다. 화음의 구성음이 잘 들리게 될 때까지 연습하자.

●전체의 흐름을 살펴본다

상성부의 멜로디에 대해서 반주의 음량은 어느 정도가 좋을까? 이것은 매우 중요한 요소 중 하나다.

극단적으로는 '멜로디를 부각시키는 연주'와 '조연도 부각시키는 연주' 모두 나름대로의 매력이 있다. 이것도 각자의 취향에 달렸다. 개인적으로는 곡의 규모와 인상으로 판단해서 멜로디를 부각시켜서 연주하는 것이 좋다고 생각한다. 반주는 가능한 살짝 연주한다.

음악의 성격은 소프라노→알토→테너→소프라노→3중창의 흐름으로 전체를 마무리하는 이미지가 어울린다(**악보 예1**).

기타는 1번 줄 하이포지션은 밝은 음색, 2번 줄은 둥글둥글한 음색, 저음현은 굵직한 음색을 내 주는 특성을 갖추고 있다.

이것을 소프라노→테너의 이미지로 보고 연주를 하는 것이 이 곡에 잘 어울린다고 생각한다.

　7～8소절은 소프라노의 멜로디지만 시작부분의 소프라노와는 약간 다르다. 한 가지는 멜로디가 상행한다는 것(시작부분은 하행). 이것은 긴장감을 가지고 어디론가 가려는 움직임이며 그 도달점이 8소절째의 레라는 것은 화음의 분위기로 알 수 있다. 이 긴장감에는 당연히 크레셴도가 따라오며, 반주부를 약간 강하게 연주하고 템포를 앞쪽으로 잡으면 더욱 효과적으로 표현할 수 있다.

　9～12소절은 각 파트가 화음이 되어 실러블(syllable)로 중창을 하고 마지막을 맞이한다. 이 4소절 동안은 베이스가 제5음 라에서 움직이지 않는다. 즉 9소절부터 마침을 향한 어프로치에 들어가는 것이다.

　각각의 성부의 음을 귀로 정확히 파악하는 것도 중요하다. 특히 움직임이 있는 소프라노 성부는 터치에 차이가 생기지 않도록 연주하기 바란다.

●**템포 감각과 아고기크**

　*Allegretto*는 움직임이 있는 약간 빠른 인상을 주며, 템포를 흔들어 연주할 것인가도 곡조를 결정짓는 중요한 요소다. 이 부분도 각자의 취향에 달려있다. 템포를 흔들면 말을 거는 듯한 인상이 생긴다. 다양한 시도를 해보자.

Preludio No.11
프렐류드 제11번

Francisco Tárrega

6 알라르의 화려한 연습곡
Estudio Brillante de Alard

해설: 타베이 타츠오

세고비아의 연주를 철저하게 연구하는 것도 좋은 방법이다

'에튀드'는 장기간 연습을 해야만 결실을 맺을 수 있는 것이라고 생각한다. 즉 연습의욕을 자극하는 것, 장기간 연습이 가능한 내용을 가지고 있는 곡이야말로 진정한 '에튀드'라고 할 수 있다. 그러한 의미에서 이 곡은 충분한 내용과 기술을 담고 있다고 생각한다. 먼저 곡 전체적으로 항상 염두에 두어야 할 것에 대해 이야기하겠다.

1) ♩ ♫ | ♩ ♫ | ♩ ♫ | ♫ ♫ | ~의 리듬 패턴으로 쓰여 있는 멜로디를 마음속에서 여러 번 떠올리고 소리를 내서 노래하는 연습을 한다. 언제든지 내 안에 곡상을 그릴 수 있도록 한다.

2) 이 곡은 하모니의 변화가 아름답다. 화성의 진행을 연주해보면 신선한 느낌을 받을 수 있을 것이다.

3) 원하는 대로 연주가 되지 않더라도 절대로 포기하지 않는다.

그리고 이 곡에서의 자신의 결점을 신속하게 파악한다. 그 결점을 어떻게 극복할 것인가를 잘 생각해서 방법을 강구하도록 하자.

이 에튀드는 세고비아의 연주로 잘 알려져 있다. 세고비아의 연주는 음악적인 면에서 멜로디를 노래하게 연주하는 방법, 곡 전체를 정리하는 방법, 특히 기복의 면에서는 자연스러움과 굉장한 에너지를 가지고 있다. 좋은 참고가 되는 연주다.

한편 멜로디 이외의 음도 어느 정도 잘 들리게 연주한다는 관점에서 들어보면 반드시 그렇지는 않지만, 그 나름대로 좋다고 생각한다. 중요한 점은 좋다고 생각하는 것을 실행하는 것이다.

세고비아의 음 처리 방법 등 세밀한 포인트에 대해서 설명하겠다. **'주'는 악보 안에 표시된 부분의 설명이다.**

먼저 최초의 하모닉스다. 세고비아는 레코드에서는 연주하지 않지만 내가 실제로 연주를 들었을 때에는 연주했었다.

주1) ⑤소절 1, 2박자째는 세하를 해도 연주할 수 있다. 하지만, 여기뿐만 아니라 세하를 하지 않아도 되는 방법이 있다면 그것이 기술적으로 편한 경우가 많다.

주2) 세고비아는 1박자째에 베이스를 넣었다.

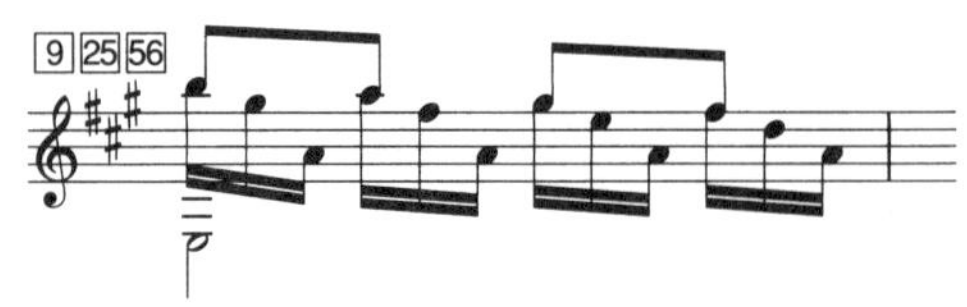

주3) 6번째의 16분음 솔#을 연주할 때 세하의 힘을 빼고 다음 음에서 다시 세하한다. 4박자째 파#은 2번 줄로 연주하면 다음 연주가 쉬워진다. 이 소절에 들어갈 때, 앞 소절의 4박자째의 3번 손가락은 떼지 않는 것이 좋다.

주4) 이 부분의 아티큘레이션은 바이올린이라면 A처럼 되겠지만, 기타는 주법상 B로 연주한다. 때문에 B에 붙인 것과 같이 곡의 흐름과 관계없는 악센트가 들어가기 쉽다. 이것을 피하기 위해서는 A처럼 마음속으로 충분히 노래하면서 느낌을 파악하는 것이 중요하다. 오른손 손가락은 가볍게 연주하고, 왼손 4번 손가락은 마음을 담아서 줄을 누르면(줄을 때리면) 된다. 결과적으로는 다소 악센트가 들어가도 전체적으로 매끄럽다면 괜찮다.

주5) 세고비아는 베이스의 미, 그리고 4박자째의 시를 각각 옥타브를 내렸다.

주6) 세고비아는 악보 예처럼 슬러의 위치를 바꿨다. ㉟도 마찬가지다.

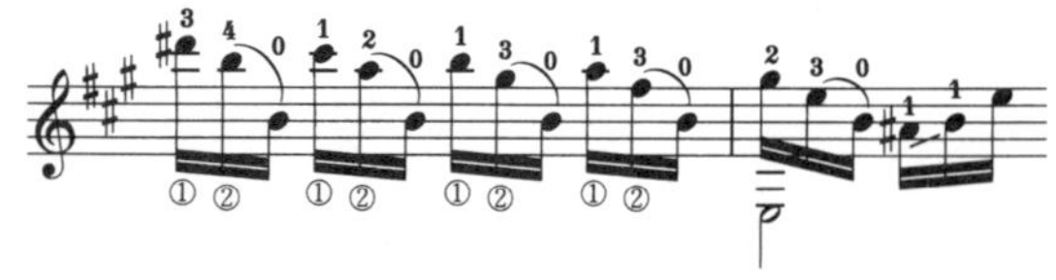

주7) 세고비아는 4박자째를 다음과 같이 바꿨다.

주8) 세고비아는 이 소절을 전부 없앴다. 80도 마찬가지다.

주9) 이 부분은 버벅거리지 않고 연주하자. 3박자, 4박자에서 숨을 들이쉬고 연주한다. 세고비아는 여기서 일단 18로 돌아가서 다시 한 번 반복한다.

주10) 베이스의 라는 뮤트를 생각해서 6번 줄로 연주한다. 다음의 베이스 레를 4번 줄로 연주할 때에는 세하는 그대로 유지하고 1번 손가락을 손가락 끝부터 절반정도 반대로 젖히면 좋다.

주11) 3, 4박자째에서 세하를 할 필요는 없다. 잠시라도 손가락을 쉬게 하면 피로를 줄일 수 있다.

주12) 세고비아는 2박자째의 레를 옥타브 내렸다.

주13) 여기서도 세고비아는 음을 바꿨다. 3, 4박자째는 멜로디만 연주하고, 다른 음을 커트했다. 기술적으로 무리를 하지 않기 위한 방침이라고 생각한다.

주14) 세고비아는 3, 4박자째에 베이스를 넣고 화음도 바꿨다.

주15) 여기서 세고비아는 멜로디의 도#을 미로 바꿨다. 이 소절 및 75의 앞꾸밈음은 커트했다.

주16) 세고비아는 다음과 같이 곡을 마무리했다.

이상과 같은 점을 참고하고 자신의 음악성에 맞춰서 왼손의 유연함, 민첩성, 오른손의 독립성, 부드러움, 힘을 기르기 바란다.

Estudio Brillante de Alard

알라르의 화려한 연습곡

Francisco Tárrega

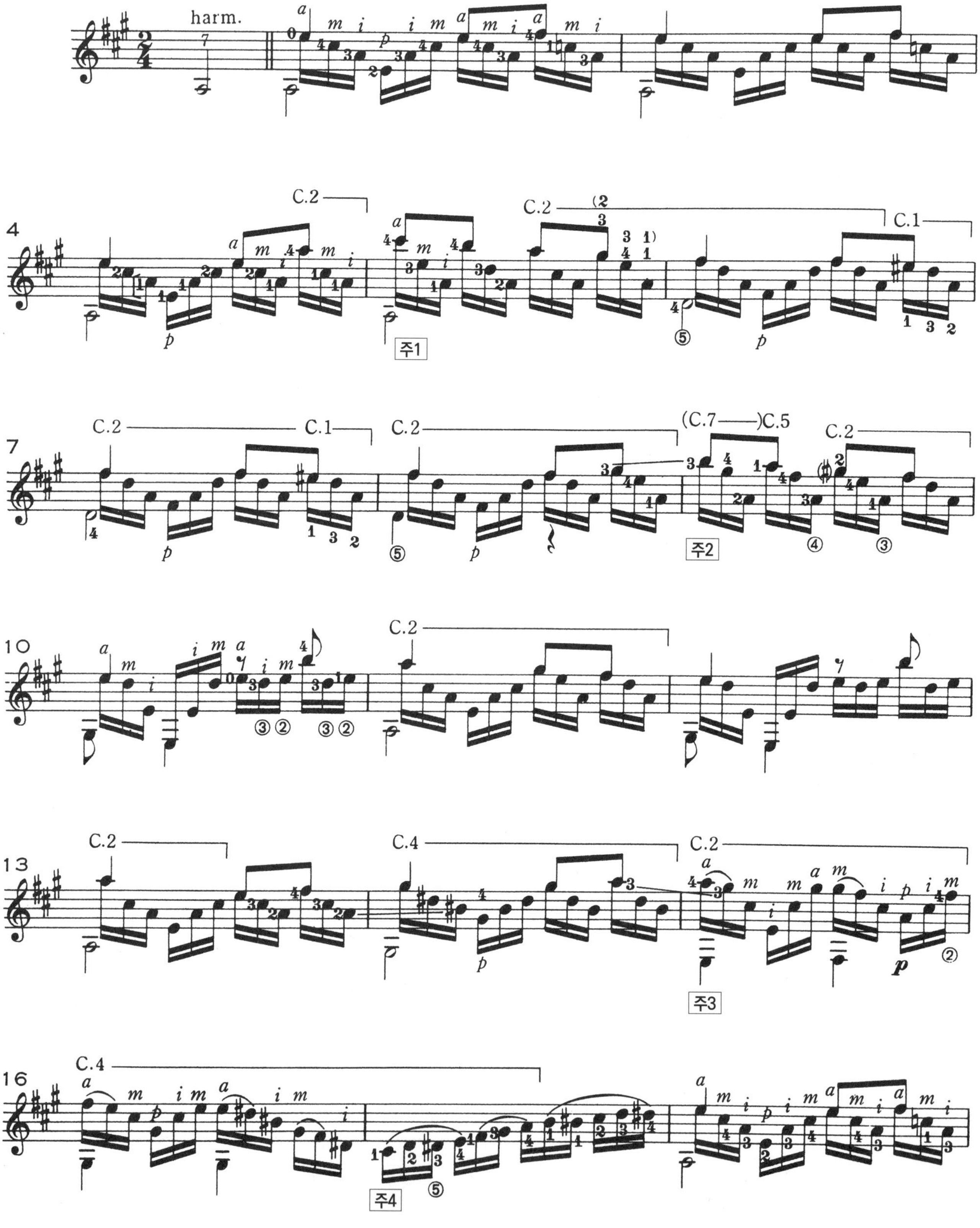

64
C.5
C.7
C.5
주10
67
C.5
C.9
주11
70
C.9
C.2
주12
주13
주14
73
a m i
a
a m i
C.2
p
p
76
C.2
C.1
C.2
주15
79
rit.
82
C.5
tenuto
주16

7 스페인 세레나데 (호아킨 말라츠)

Serenata Española (Malats)

●어레인지곡을 연주할 때에는

이번 악보는 프란시스코 타레가가 편곡한 곡이다. 현재에는 생략되는 경우가 많은 수많은 포르타멘토와 쉽게 연주할 수 있는 부분도, 운지는 그대로 두고 변경하지 않았다.

어레인지라는 것에 대해서 생각해보면 충실하게 다른 악기로 음을 이행해서 연주하는 방식. 그리고 음을 생략하거나 음의 형태를 바꾸더라도 그 음악의 본질적인 부분만 손상시키지 않고 비교적 자유롭게 어레인지하는 방식이 있다.

타레가의 편곡은 후자, 즉 비교적 자유롭게 어레인지하는 스타일이다. 참고를 위해 예페스의 흐름을 따르는 로페테기에 의한 편곡과 피아노의 오리지널판을 참조하면서 연주의 주의점을 살펴보겠다.

편곡에도 작곡과 마찬가지로 편곡자의 의도가 들어간다. 이것을 이해하고 연주하는 것이 좋다.

●연주의 주의점

처음의 4소절은 경쾌한 리듬의 서주(序奏)다. ♫♫♫♫의 3/4박자의 리듬과 음 형태는 판당고, 세비야나스 등의 플라멩코 곡을 떠올리게 한다. 원곡의 *Allegretto* 표시대로(타레가 편곡에서는 *Allegro*) 너무 빠르지 않은 템포로 곡을 시작하자.

연주를 갑자기 시작하지 말고 테마를 몇 소절 머릿속에서 떠올려보고 템포 설정이 된 다음에 소리를 내도록 하자. 이것은 무대에서 연주할 때에도 매우 중요한 포인트다.

5소절째부터 인상적인 멜로디가 시작된다. 여기서 3가지 악보를 비교해보자. 말라츠의 피아노 오리지널판에서는 연주가 멋대로 날뛰지 못하도록 왼손의 반주가 계속 감시하고 있다(**악보 예1**).

로페테기가 편곡한 악보에서는 저음을 약간 생략하기도 하지만(**악보 예2**), 타레가가 편곡한 악보에서는 5는 시작 부분의 점2분음표만 있다. 이것은 매우 상징적인 부분으로 타레가의 편곡에서 어떤 면이 중요시되고 있는지를 이해할 수 있다.

이 곡을 연주할 때에는 4소절 동안의 경쾌한 템포가 멜로디가 시작되면서 느린 루바토가 되지 않도록 주의해야 한다. 먼저 인 템포로 연습한 다음에 예를 들어 10, 11소절처럼 이 리듬 구성과 떨어진 부분에서 과감하게 연주하면 된다.

27까지의 A단조 부분은 같은 음 형태를 반복하고 점점 크레셴도를 하면서 클라이맥스를 만드는 연습을 한다. 이것을 할 수 있으려면 자신이 낼 수 있는 음량의 폭을 항상 의식해서 **pp**에서 **ff**까지 확실히 표현을 할 수 있어야만 한다. 해보면 의외로 어려우며 음량은 상대적인 것이므로 '이것은 **p**', '이것은 **f**'라며 하나씩 소리를 내는 것은 무의미하다. 하지만 어느 정도는 자신의 표현력을 객관적으로 보기 위해서라도 다이내믹스의 연습은 음계연습을 할 때 꼭 하기 바란다.

27소절째부터는 A장조로 조바꿈을 해서 대범하고 느긋한 템포로 연주한다. 다만 루바토는 적당히 해야 한다.

40소절째부터의 C장조로 조바꿈을 하는 부분은 기분도 변화시키자. 그리고 바로 A단조의 후반 부분이 돌아온다.

56소절째부터는 A장조 부분이 재현된다. 셋잇단음이 버벅거

악보 예1: 피아노

악보 예2: 로페테기 편곡

리지 않도록 화려하게 연주하자.

[64]소절째부터의 4소절 동안은 스페인 음악에서 종종 나타나는 하강음형이다. 이 부분은 특히 경쾌함을 잃지 않도록 저음은 악센트와 함께 스타카토로 연주한다. 그 뒤는 A단조의 시작 부분으로 되돌아가기 위한 경과구(經過句)지만, 타레가의 어레인지에서는 [77], [78]의 2소절의 여분을 붙였다. 리피트 후에도 동일하게 코다로 들어간다. 이 코다로 들어가는 부분은 타레가의 편곡에서는 상당히 많이 변경되어서 반복 방법도 다르다. 참고를 위해 다른 버전도 살펴보기 바란다(**악보 예3, 4**).

[113]~[114]의 슬러는 슬러와 악센트를 혼동하지 않도록 하자. 슬러를 악센트를 주는 것이라고 착각하고 있는 기타리스트도 많다. 매끄럽게 단숨에 연주할 수 있을 때까지 연습하기 바란다.

저녁노을이 내린 거리를 가벼운 발걸음으로 지나가는 활기찬 스페인 젊은이들의 모습을 떠올리며 연주해보자.

마지막으로 다시 한 번 강조한다. 루바토는 자제하자.

악보 예3: 로페테기 편곡 [97] (타레가 편곡 [75]에 해당)

악보 예4: Coda (타레가 편곡 [113]에 해당)

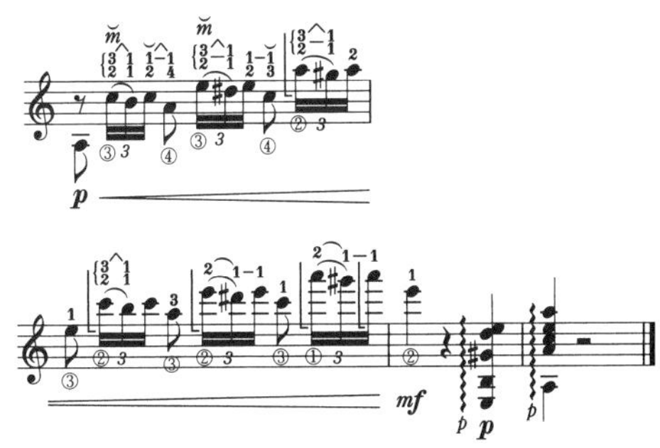

Serenata Española

스페인 세레나데

Joaquin Malats
Arr. by Francisco Tárrega

89
93
97
101
J
C.7
105
C.7
C.9
C.7
109
C.9
C.7
Coda
K
D.S.
113
C.5
29

8 아라비아 기상곡
Capricho Arabe

●**감성이 중요하다**

연주는 말할 것도 없고 감성의 문제다. 필링이 중요하며 감상적으로 뛰어난 표현을 할 수 있도록 노력해야 한다. 곡이 분위기를 잘 내고 있는지, 어떠한 표현인지를 항상 생각해서 연주를 완성시켜야 한다. 연습의 기준으로 다음과 같은 단계를 제시하니 참고하기 바란다.

제1단계: 곡의 구성과 프레이즈를 중심으로 악보를 암기해서 겨우 연주할 수 있는 단계.

제2단계: 어느 정도 연주를 할 수 있으며, 연주가 매끄러워진 단계.

제3단계: 곡의 해석과 기본적인 테크닉을 다시 한 번 생각해서 연습하는 단계.

제4단계: 더욱 풍부한 표현을 위해서 항상 기본을 잊지 않고 곡의 아름다움을 발견하려 노력하는 단계.

연습 포인트를 소절 순으로 생각해보자.

1 : 하모닉스의 울림을 밝고 활기찬 느낌으로(오른손은 약간 브릿지 쪽에서) 연주한다.

2 : 슬러를 손가락 끝의 움직임만으로 하려고 하거나, 편한 왼손 폼을 연구하지 않으면, 힘이 너무 들어가서 잘 되지 않는다. 어떤 각도로 눌러야 무리한 힘을 들이지 않고 연주할 수 있는지 충분히 연구하자. 3박자째 솔→미는 2번 줄의 슬러로 연주해도 된다.

3 : 3박자째의 마지막 16분음표는 세하를 하는 손가락의 힘을 빼서 다음 소절의 세하 준비를 한다.

주의사항: 악보에 쓰여진 음표의 길이만큼 음을 유지하겠다는 생각이 너무 강하면 손이 높아져서 흐름이 원활하지 않고, 연주가 되지 않는 경우도 있다.

4 는 무뚝뚝해지지 않도록 연주하자.

5 ~ 8 은 1 ~ 4 의 포인트와 같다.

9 ~ 12 : 이곳은 감각적으로는 알고 있더라도 실제로 연주해보면 처음에는 연주가 잘 되지 않는 부분이다. 9 의 '라'부터 시작되는 모티브는 적어도 10 의 2박자째까지는 처음의 마음가짐을 유지하며 연주한다. 이 음까지 오른손 손가락은 *p*만 사용해도 된다.

11 의 여섯잇단음은 처럼 가볍게 악센트를 붙여서 처음에는 박자 시작부분에서 약간의 쉼표를 느끼며 연습하자. 이것은 음악적인 악센트와 손의 움직임을 독립시키는 연습이다. 손의 이동에 따라서 악센트가 예상치 못한 곳에 붙지 않도록 주의하자. 11 의 마지막 '미'가 나오자마자 이동하는 것이라고 생각하는 것이 중요하다.

13 와 14 는 2박자째 '파'를 테누토 느낌으로 연주하며 이 소절에서의 베이스의 움직임과 표정은 특히 중요하다. 2박자째가 크레셴도의 정점이라고 생각하고 기분의 흐름을 느끼도록 하자. 음의 표정과 터치에 신경을 쓰면서 기품 있는 연주법을 발견할 때까지 열심히 연습한다. 이 모티브를 훌륭하게 연주할 수 있으면 곡의 분위기를 쉽게 파악할 수 있을 것이다.

15 , 16 , 17 는 3박자, 4박자에서 가볍게 뜬 느낌, 또는 가볍게 긴장한 느낌을 유지하면서 조금씩 분위기를 고조시킨다. 특히 17 의 3박자째부터 18 에 걸친 크레셴도를 아름답게 연주할 수 있도록 노력하자.

19 에서는 지금까지 고조된 분위기가 고요해진 것처럼 보이지만 곧바로 다시 분위기가 고조된다.

22 의 1박자째가 그 정점이며, 이대로 클라이맥스로 향한다. 연주에 힘이 빠지지 않도록 오른손의 터치를 포함해 신경을 써야 한다.

20 4박자째의 ⌢는 긴장감이 있어야 한다. 왼손 4번 손가락이 미♭으로 이동하는데 뻣뻣해지지 않도록 하자. 음을 늘인 나머지 늘어진 느낌이 되는 것은 곤란하다. 이 부분은 긴장감이 필요하므로 터치에 신경을 쓰자.

21 은 앞 소절에서 높아진 기분을 그대로 두고 연주하면 레가토의 흐름이 되어 좋다. 3박자째부터 시작되는 슬러와 이동은 어떻게 하면 잘 될지, 편한 손과 손가락 폼을 연구해보자.

34 의 3박자째, 4박자째는 조바꿈을 한다. 약간 강조해서 부드럽게 부푼 느낌을 낼 수 있으면 좋다.

35 3박자째 솔은 3번 줄 개방으로 연주하면 부드러운 느낌을 낼 수 있다. 4박자째와 36 1박자째의 꾸밈음은 앞쪽은 또렷하게, 뒤는 가볍게 연주하면 프레이즈의 흐름이 자연스러워진다.

36 은 3박자째로의 왼손 이동이 거칠지 않도록 하는 것이 중요하다. 이를 위해서는 누르고 있는 손가락의 힘을 단숨에 완전히 빼고, 신속하게 손을 이동시키는 요령을 익힐 필요가 있다.

38은 세밀한 움직임이 많다. 손가락이 쓸데없이 많이 움직이지 않도록 하고, 이동은 힘을 빼고 신속하게 한다. 3박자, 4박자는 기품 있는 음악적 센스가 필요하다.

41의 꾸밈음을 아름답게 연주하자. 손가락 힘이 분리되어야 잘 연주할 수 있다. 손가락 하나하나가 움직이기 쉬운 손의 폼을 연구해보자.

41의 3박자째부터 시작되는 하행과 상행의 음형은 매우 아름답게 들린다. 하지만 무리해서 표현하려고 서두르면 연주가 힘들어진다. 편하게 연주할 수 있는 범위 내에서 기타가 가진 풍부한 울림을 끌어내기 바란다.

43의 3박자째부터 시작되는 반음계는 박자의 맨 처음의 가벼운 악센트 같은 것이다. 박자마다 약간의 여유를 느끼는 연습을 하자.

45는 밝고 또렷한 소리를 낼 수 있도록 터치를 연구해보자. 이곳은 클라이맥스의 정점에서 시작해서 46~47로 서서히 내려간다. 그리고 48의 3박자째, 4박자째에서 냉정하게 연주를 시작하면 좋다.

47 4박자째의 꾸밈음은 손이 작은 사람은 새끼손가락을 뻗지 않으면 연주할 수 없다. 이 음을 연주하기 위해 1번 줄을 할퀴어 필요 없는 소리가 나는 경우가 많다. 이것을 방지하기 위해 *a*손가락을 1번 줄에 대고 2번 줄을 누르는 방법이 있다.

50의 3, 4박자째는 급격히 변화시켜 크레셴도를 해야 한다. 기타는 이런 연주가 힘들다. 이것은 음악적으로는 기분의 변화가 요구되는 동시에 기술적으로는 왼손 손가락의 움직임이 많아지고 오른손도 연주하는 줄이 바뀌기 때문이다. 때문에 다른 부분보다 많이 연습해야만 음악적인 수준에 도달할 수 있다.

51은 클라이맥스 소절이라고 생각하자.

52는 고조된 기분이 자유롭게 날아다니는 부분이다. 많이 연습하는 수밖에 없다.

53에서 오랜만에 침착한 분위기로 돌아간 후에 54, 55, 56으로 하행한다. 56의 3박자째, 4박자째는 아름답게 긴장감을 띤다.

58의 3박자째, 4박자째는 약간 느긋한 기분으로 크레셴도를 한다. 페르마타의 의미를 잘 생각해서 음을 늘이자.

73의 하모닉스는 깔끔한 울림을 낼 수 있도록 각자가 방법을 찾아보자.

Capricho Arabe

Serenata

아라비아 기상곡

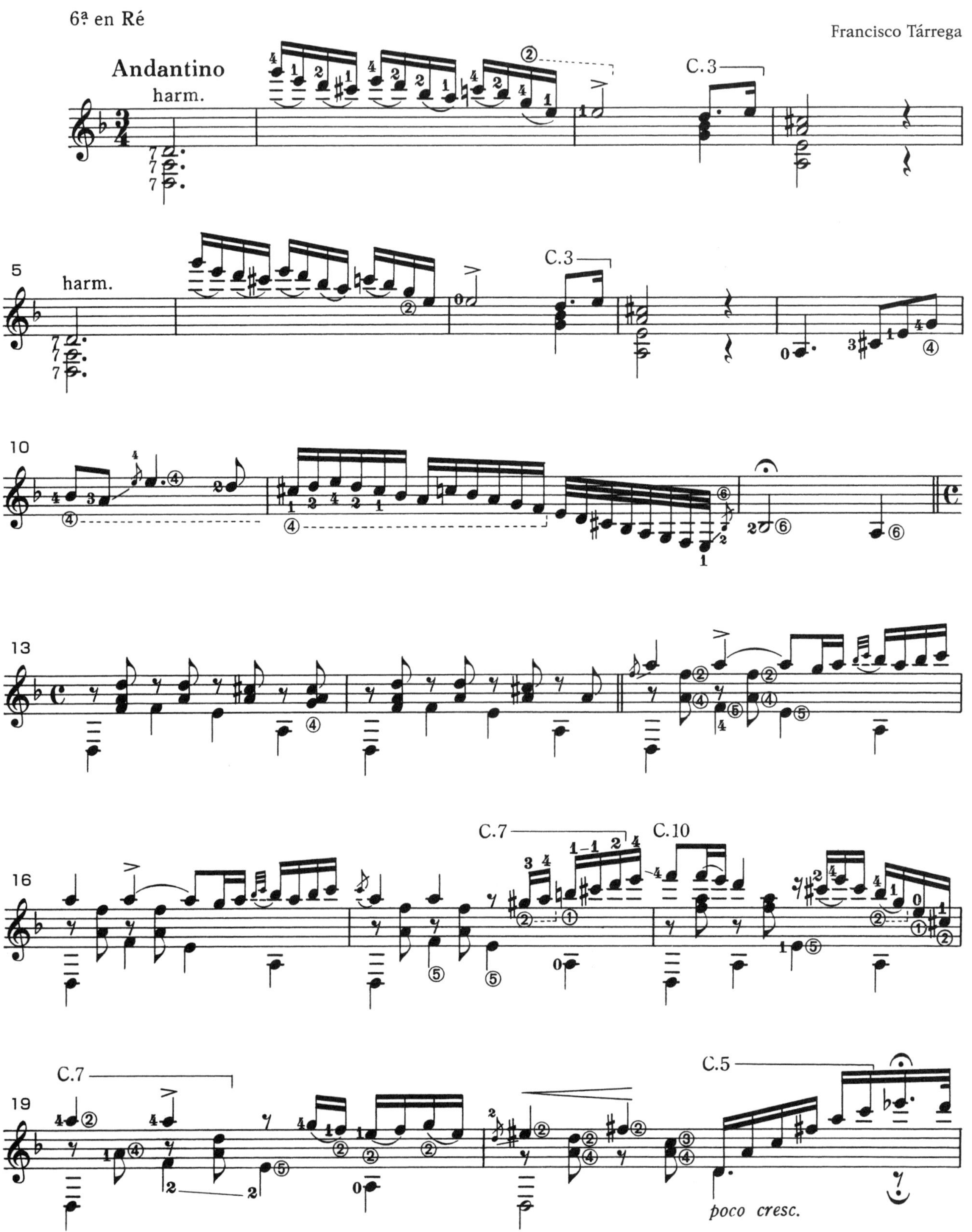

38
C.3
C.3
C.5
41
C.5
harm.
7
43
molto cresc. - - - - - - - -
45
C.7
a tempo
C.7
C.2
48
C.2
C.7
i m i m
p
p
51
C.7
harm.
6
6
6
6
7
rit.
53
C.7
C.7
C.2
a tempo

56
C.2
C.7
59
molto rit.
3
62
65
C.10
67
C.7
C.5
69
C.3
accel.
ten.
71
harm.
rit.
12
12
12

해설: 이토 후쿠오

9 마리아
María

●세고비아로 시작해서 세고비아로 돌아간다

지금으로부터 20년 전, 아직 기타가 무엇인지 몰랐던 어린이 시절, 처음 한 장의 레코드를 들었다. 그것은 세고비아가 연주하는 소르(Sor)와 타레가의 작품을 모은 레코드였다(〈기타의 거장 안드레스 세고비아〉 VIC3070). 무언지 알 수 없었지만 큰 충격을 받았던 기억이 난다. 때문에 내가 이 곡을 연주할 때, 세고비아의 영향에서 벗어날 수 없다는 것을 먼저 고백한다. 이 레코드를 듣고 '세고비아로 시작해서 세고비아로 돌아간다'라는 말에 대해, 이런 종류의 곡에서 특히 실감할 정도로 내 마음은 흥분되어 있었다.

이 곡은 타레가의 대표작은 아니지만 타레가의 음악성과 정신이 표출되어있다. 그런 의미에서 〈프란시스코 타레가〉(애드리안 리우스 지음)를 읽어보기 바란다. 이 책에는 기타를 사랑하고 음악을 사랑한 사람, 타레가의 모든 것이 묘사되어 있다. 읽고 난 후, 다시 악보를 보았을 때에는 이전과는 다른 세상이 보일 것이다.

운지와 악보에 대해서

타레가는 운지 및 손가락 지정을 비교적 자세히 한다. 또한 포르타멘토를 빈번히 악보에 표기한 첫 인물이기도 하다. 이것을 빼고 타레가 작품의 연주는 성립되지 않지만, 나는 일부러 세고비아의 연주를 참고해서 독자적인 운지를 붙여보았다. 왼손의 합리화와 음악과 근육운동의 융합을 원칙으로 해서 생각했다.

큰 변경은 아래의 3곳이다(**악보 예1, 2, 3**).

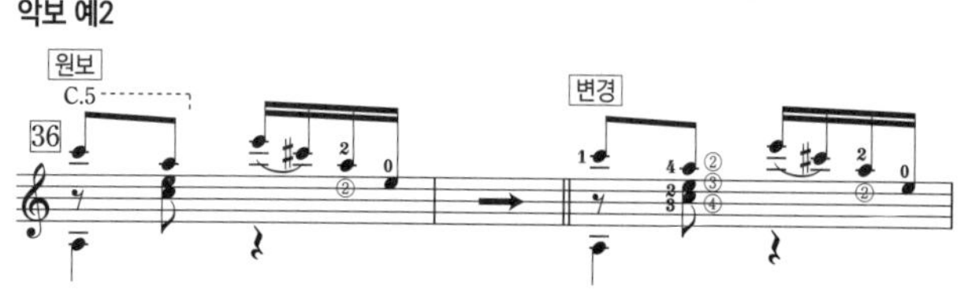

악보가 변경된 부분은 다음의 4곳이다.

- *1, *2: ( )안은 세고비아의 연주다.
- *3: 내 나름대로의 하모닉스 주법이다. 다른 부분도 같은 방식으로 바꿨다(실제의 소리는 당연히 바뀌지 않는다).
- *4: 원래 악보는 완전소절이었지만 여린내기의 곡이므로 1박자를 줄이고 ⌢를 이동시켰다.

그 외에 쉼표를 빼는 등, 부족한 점을 고쳤다.

●포르타멘토 (Portamento)

포르타멘토는 성악에서 카피한 주법으로 여기서는 두 가지 방법을 사용한다.

하나는 3도 아래(또는 화음 안)의 음에서 꾸밈음처럼 같은 손가락으로 같은 줄 위를 이동할 때의 소리를 내는 방법이다(**악보 예4**).

또 하나는 리가도(슬러) 때에 마찬가지로 두 음 사이의 음을 내는 주법이다. **악보 예5**는 다음 음(라)에 도달했을 때, 다시 오른쪽 손가락으로 연주하지는 않는다. 하지만, **악보 예6**처럼 된 경우에는 양쪽의 음(파와 라)을 연주하는 것을 확인하자.

악보 예4　　악보 예5　　악보 예6

이 경우에는 양쪽을 연주한다

●'억양'이 있는 자연스럽게 흐르는 연주

표현 연습으로 넘어가자.

처음에는 메트로놈 ♩=72~80으로 모든 음을 정확히 연주할 수 있도록 기술적인 문제를 해결해두자. 왼손의 힘은 오른손에 영향을 준다.

〈다이내믹스〉: 다이내믹스를 단순한 강약으로 생각하지 않는다. 터치의 속도, 깊이, 아포얀도와 알아이레를 믹스해서 어떻게 차이와 표정을 줄 것인지를 연구해보자.

〈아고기크(속도변화)〉: 아고기크는 다이내믹스를 줄 때 자연스럽게 요구되는 사항이지만 더욱 나은 표현을 위해서는 깊이 고려되어야 할 테크닉이다. 작곡자는 지시를 하지 않았지만(할 수 없었지만), 약간의 템포 변화로도 활력이 넘치는 표현을 할 수 있는 이 방법은, 반대로 쉽게 억지스러운 느낌이 될 수도 있으므로 충분한 연습이 필요하다.

일반적으로 하나의 프레이즈에는 하나의 정점이 있다. 그 정점은 크레셴도의 인도를 따라 동시에 속도가 점점 빨라지면 명쾌한 표현이 된다. 그리고 정점의 음은 약간 늘여서 음악에서의 비중을 잃지 않도록 한다. 정점부터는 조금씩 느려져서 프레이즈의 마지막 음에서 안정되도록 연주한다. 이것이 아고기크의 일반 원칙이며, 이 곡에도 필요한 표현 수단이다.

〈아고기크한 정지 및 브레스〉: 여기서 비로소 메트로놈과 완전히 작별하게 된다.

'아고기크한 정지'(이 말은 기제킹이 사용했다)란 음의 표출을 아주 조금 지연시키는 방법(시간차공격 같은 방법)으로 악보에는 표시되어있지 않지만, 숨이 멎는 듯한 아름다움과 음의 선명함을 표현할 때 매우 효과적인 방법이다. 하지만 이 방법도 너무 자주 사용하지 않는 것이 중요하다. 이 곡에서는 중간부에서 사용하면 좋다.

브레스는 페르마타에서 특히 숨을 잘 내뱉고, 크게 들이쉬어(복식호흡으로) 숨을 잠시 멈추고, *a tempo*로 들어간다. 프레이즈의 앞뒤에서 반드시 하기 바란다. 이것을 하지 않으면 설득력을 잃어버릴 것이다.

마지막으로 전체의 밸런스 정리를 위해 잘 들으면서 반복 연습을 한다.

이 페이지를 마치며 타레가가 존경했던 쇼팽에 관한 말을 인용한다.

'베이스는 조용하고 정확한 박자로 진행되었지만, 멜로디는 완전히 자유롭게 그 주위를 돌아다녔다', '특히 템포 루바토에 의한 과장을 싫어했지만, 쇼팽 자신은 절묘한 밸런스를 가진 루바토 플레이어였다'.
《연주의 역사》에서. 도리안 지음)

María
Gavota
마리아

Francisco Tárrega

25
a tempo
C.5
29
C.3
C.1
C.2
33
C.3
C.4
*3
arm.7
a tempo
37
C.10
arm.
12
41
C.9
arm.
12
i m i m
45
*4
pizz.
39

10 엔데차 / 오레무스
Endecha y Oremus

해설: 마누엘 바빌로니

●엔데차

'엔데차'는 '슬픈 노래'라는 의미다. 이 타이틀은 결코 추상적인 것이 아니며 분명히 작품의 성격을 나타내고 있다. 이 책의 속도 지정은 **Allegretto**로 되어있지만, 오리지널 악보에는 **Andante cantabile**로 되어있다. 전체의 구성을 보면 8(여린내기는 세지 않았다)을 경계로 제1부, 제2부로 나뉜다고 생각한다(**악보 예1**).

제1부는 레치타티보(recitativo)를 노래하는 듯한 느낌으로 무표정하게 연주하지는 말자. 제2부는 '인상(impression)'이란 느낌이다. 7은 이 작품에서 가장 응축된 정감이 풍부한 부분이다. 그리고 이 프레이즈가 작품의 중앙에 위치한다는 것을 깨닫게 될 것이다. 7을 중심점으로 삼아 무언가를 찾는 느낌으로 시작해, 7을 지나면서 점점 끝을 향해서 헤어지는 듯한 이미지로 연주하자.

이 곡을 연주하고 있으면 세고비아의 '기타는 멜랑콜리(melancholy)한 표현을 하기에 가장 적합한 악기다'라는 말이 떠오른다. 멜로디는 모두 아포얀도의 따스한 음색으로 연주하자. 나는 여린내기의 라를 ①번 줄 4로 연주한다(**악보 예2**). 제2부 8부터 나오는 슬러에서 나는 음악적으로는 슬러로 연주하지만 기술적으로는 줄을 튕겼다(**악보 예1**). 이렇게 연주하는 편이 단음과 화음의 대비를 더욱 확실하게 할 수 있으며 이 부분은 매우 아름답게 들려줘야할 포인트이기도 하다. 그 밖에 운지를 바꾼 곳은 **악보 예3**에 표시해두었다.

●오레무스

타이틀 'Oremus'는 라틴어다. 스페인어로는 recomos(기도합시다)의 의미다. 이 작품의 속도기호도 오리지널에서는 **Allegro**가 아닌 **Lento religioso**다. 현대기타사(일본)의 해설에서 이 작품은 슈만의 소품 중 일부라고 되어있지만 구체적인 작품번호와 타이틀은 명확하지 않다(주: 슈만의 피아노곡집 〈앨범 리프 Op.124〉의 제5번 '환상무곡'이라고 되어있다). 에밀리오 푸홀이 쓴 〈타레가의 생애〉에 이 작품에 관한 에피소드가 있어 참고로 소개한다.

타계하기 직전의 타레가는 알코이(Alcoy)에서 리사이틀 공연을 크게 성공시켰다. 거기서 알게 된 사제와 함께 테루엘(Teruel)로 가서 사제가 사는 집에 며칠 동안 머물렀다. 이 집은 성당과 복도로 연결되어있어 미사 때 들려오는 음악에서 영감을 받아 이 작품을 작곡했다(요약).

나는 이것이 사실인지 아닌지 증명할 수 없다. 하지만 작품의 분위기, 정신적인 신비성을 가지고 타계 2주일 전에 작곡한 그의 최후의 작품이라는 것을 생각하면 연주에 참고가 될 것이다.

운지는 3의 2박자째의 블록, 저음의 레는 개방현, 그리고 남은 부분은 **악보 예4**를 참고하기 바란다. 이 운지 변경의 목적은 멜로디를 레가토로 연주하기 위함이다.

Endecha
Preludio
엔데차

Oremus
Preludio
오레무스

11 프렐류드 제7번 (쇼팽)

Preludio No.7 (Chopin)

해설: 레오나르도 브라보

쇼팽(1810년 3월 1일~1849년 10월 17일)의 '전주곡 제7번'은 24곡의 전주곡 중 하나로 오리지널은 피아노를 위해 작곡되었다. J.S.바흐의 〈평균율 클라비어곡집〉의 영향을 받아 총 24조로 작곡되었다. 기타 버전은 타레가가 악기의 성질에 맞춰서 편곡했다. 그것은 조성을 A에서 D로 바꾼 것에서 알 수 있다(글리산도를 할 때 등).

이 악보를 앞에 두었을 때, 처음에는 기술적, 음악적으로 간단하다는 인상을 받는다. 하지만 실제로는 쉽게 보일 뿐, 이 곡의 기술적 심플함과 음악의 섬세함은 연주가의 역량을 그대로 드러낸다. 아주 작은 움직임이라도 방심을 하면 음악의 흐름을 방해한다. 잘 연주하기 위해서는 소리를 내는 방법, 터치, 화음의 밸런스, 왼손의 움직임 등 가장 중요한 테크닉의 기본을 충분히 컨트롤할 수 있어야 한다.

음악적으로는 연주를 시작하기 전에 '어떻게 표현하고 싶은가?'에 대한 생각이 있어야 한다. 이 작품은 매우 유연해서 수많은 다른 버전의 연주를 들을 수 있다. 가능한 많은 버전을 들어보기 바란다(유명한 연주로는 루빈스타인의 것이 있다).

이 프렐류드 연주의 어려운 점은 주로 음악적인 부분에 있으므로 이에 초점을 맞추겠다. 단순히 이 작품을 어떻게 연주해야 하는가가 아닌, 어떤 방법으로 연습을 할 수 있는가에 대해서 소개하겠다.

이 작품은 2개의 큰 8소절의 프레이즈로 구성되어있으며, 2소절의 멜로디 리듬의 패턴을 가지고 있다. 각각의 프레이즈에 하나의 세계와 전달하고 싶은 이야기가 있다. 연주할 때 신중하지 않으면 메시지 전체의 의미를 잃어버리고 단순히 멜로딕 리듬을 반복하는 상태에 빠질 수 있다. 프레이즈를 마칠 때까지 흐름이 끊어지지 않도록, 동시에 작품 전체를 의식하고 이야기를 느끼면서 마지막 소절의 쉼표에 도달할 때까지 흐름이 끊어지지 않도록 하자.

기타 연주, 연습을 시작하기 전에는 어떤 표현을 하고 싶은가에 대한 자신의 이야기를 상상해보기 바란다. 상상하는 것과 노래해보는 것은 마음과 머리의 준비와 직결된다. 노래도 단순히 쓰여 있는 음표를 읽는 것이 아닌 가수처럼 마음을 담아서 해야 한다. 기타 없이도 다이내믹, 음색, 호흡, 글리산도, 리듬에 주의하면서 노래해보자.

그리고 또 한 가지, 이번에는 노래를 하지 않고 악보를 손에 들고 머릿속으로 음색, 다이내믹스, 하모니 등, 모든 것을 상상해보자. 그렇게 해서 스스로 만족하고 납득할 수 있는 수준이 되었을 때 비로소 악기를 들고 지금까지의 작업을 기타로 옮긴다. 기타로 연습을 시작한 후에도 다시 노래를 해보고, 기타의 테크닉으로 맨 처음에 가지고 있던 음악적 아이디어의 이미지가 바뀌지는 않았는지 체크해보는 것도 중요하다.

작품을 연주하기 전에 음악적인 아이디어가 명확하면 테크닉과 연주방법이 저절로 정해진다. 이와는 달리 아이디어 없이 연주를 시작해서 수 없이 연습한 후에 연주방법을 바꾸는 것은 다시 필요한 테크닉을 재학습하는 시간과 노력은 물론 정신적으로도 매우 피로하다. 연습은 항상 양보다 질이 중요하다. 이러한 연습방법에 익숙하지 않다면, 처음에는 지치거나 집중력이 떨어질 수 있을 것이다. 하지만 반드시 작은 노력으로도 짧은 시간에 더욱 좋은 결과를 낼 수 있을 것이다.

Preludio No.7

프렐류드 제7번

Frédéric Francois Chopin
Arr. by Francisco Tárrega

12

베니스의 뱃노래 (멘델스존)

Romanza~Barcarola Veneciana (Mendelssohn)

이 작품은 멘델스존이 평생 동안 작곡한 〈무언가집〉 중 하나다. 작품번호는 Op.19-6. 3곡의 뱃노래 중 제1곡으로 1830년에 작곡, 출판되었다.

원곡은 G단조이며, 타레가는 기타의 울림을 내기 쉬운 E단조로 조바꿈을 해서 편곡했다. 타이틀인 '로만차(Romanza)'는 아마도 프랑스어 타이틀 'Romances sans paroles'를 스페인어로 번역해서 붙인 것 같다. 〈무언가집〉은 독일어와 영어의 타이틀을 번역한 것이다. 가사를 붙여서 노래해도 크게 히트할 수 있을 듯한 아름다운 멜로디의 소품이다. 타레가는 이것을 기타의 오리지널 곡처럼 편곡하는 데 성공했다.

[1]소절 2박자째부터의 슬러는 기술적인 것이라기보다는 피아노 악보에 쓰여있는 음악적인 슬러라고 여겨진다. 오른손은 **악보 예1**의 운지가 가장 컨트롤하기 쉽다. 3박자째, 6박자째가 강해지지 않도록 주의하기 바란다.

악보 예1

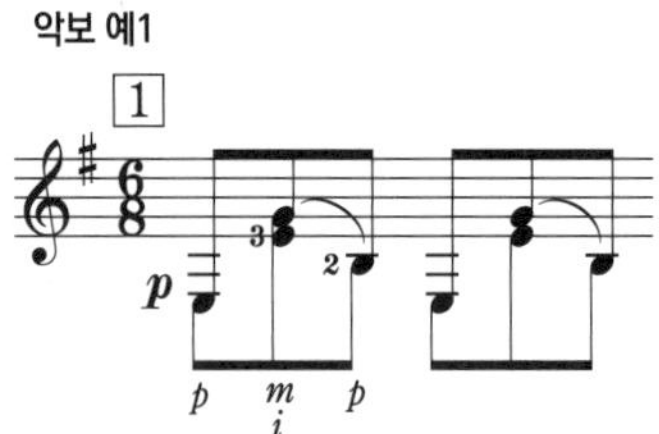

[2]소절째부터 [3]소절째는 음악의 흐름이 끊기지 않도록 하기 위해 오른손 포지션을 2소절 3박자째 부근에서 서서히 맨 처음의 옥타브 하모닉스의 위치로 이동시키면 된다.

[3]소절 4박자째부터 [4]소절 1박자째에 걸쳐서 붙임줄이 있다. 이곳을 악보대로 운지하면 음을 유지하기 매우 힘들 것이다. **악보 예2**처럼 하면 레를 떼지 않고 연주할 수 있다.

악보 예2

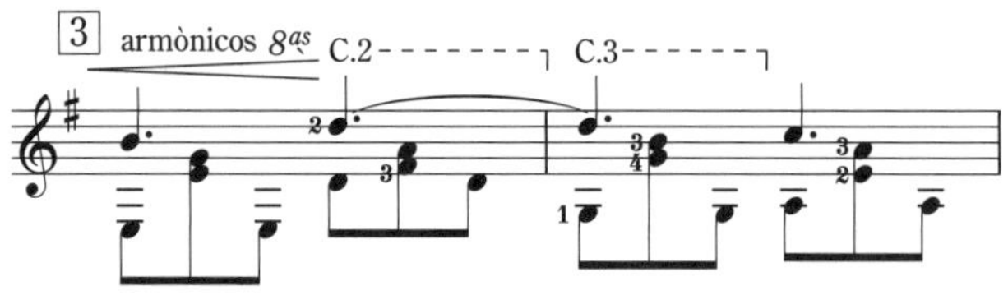

[7]소절 6박자째부터 멜로디가 시작된다. 간단하지 않지만 레가토로 연주할 수 있도록 연습하자.

[9]소절, [10]소절의 운지는 **악보 예3**도 참고하기 바란다.

악보 예3

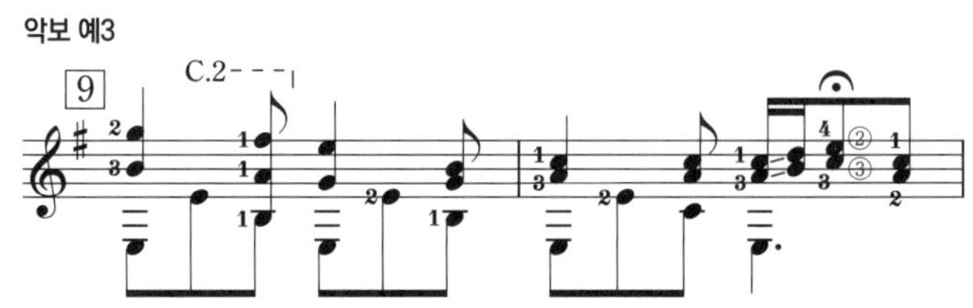

[11]소절 6박자째의 꾸밈음부 글리산도는 생략해도 되지만, 자연스럽게 연주할 수 있다면 곡의 분위기를 더욱 깊게 표현할 수 있다.

이에 대한 선택은 피아노 연주를 듣고 그 이미지를 따라가며 연주할 것인가, 더욱 기타다운 음악이 되도록 표현할 것인가에 따라 달라진다. 피아노는 시작 부분에서 나온 반주 형태가 이 작품 전체에서 연주된다.

타레가의 편곡에서는 [13]소절 부근에서 그 반주의 역할인 리듬의 유지도 멜로디로 보완되어야 한다. 이를 의식한 음악표현이 되도록 운지와 쉼표의 사용방법을 고려했다. 멜로디를 가능한 매력적인 음색으로 존재감 있게 연주하자.

[13]소절의 6박자째 저음의 쉼표는 프레이징에서 중요한 요소다.

[16]소절 3박자째부터 4박자째로의 포지션 이동은 2번 손가락을 ①줄에서 떼지 않으면 멜로디가 연결된다.

[19]소절과 [20]소절 5박자째의 시음은 4번 손가락으로 연주해도 음악적으로 문제가 없다.

[22]소절의 3박자째와 6박자째의 포르타멘토는 음악의 흐름이 부자연스러워지지 않도록 연습하자.

[23]소절 멜로디의 도를 붙임줄로 연결하기 위해서는 3박자의 파#을 3번 손가락으로 누를 필요가 있다. 바로 전의 라를 누르고 있던 손가락이므로 조심해서 이동하지 않으면 음을 깔끔하게 낼 수 없다. 여기에 표기된 쉼표도 정확히 연주한다.

[25]소절 맨 처음 3박자의 시는 앞 프레이즈의 여운, 4박자째부터는 다음 프레이즈로의 준비라고 생각하면 표현을 쉽게 할 수 있을 것이다(**악보 예4**).

28 소절의 3프렛 세하는 3박자째에도 충분히 맞출 수 있다. 29 소절은 **악보 예5**처럼 하면 세하는 필요 없다. 31 소절 6박자째 화음의 운지는 보기에는 부자연스럽고 누르기 힘들어 보이지만 다음의 흐름을 생각하면 이 운지가 가장 적합하다. 익숙해질 때까지 연습하자.

멘델스존의 〈무언가집〉은 모두 아름다운 소품이다. 이 곡과 함께 다른 곡들도 들어보기 바란다.

악보 예4

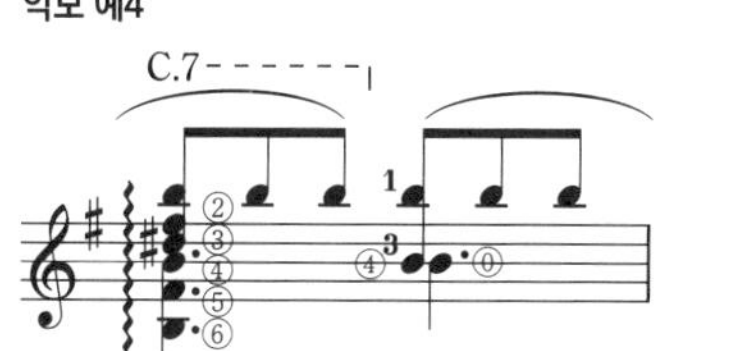

악보 예5

Romanza~Barcarola Veneciana

베니스의 뱃노래

Felix Mendelssohn
Arr. by Francisco Tárrega

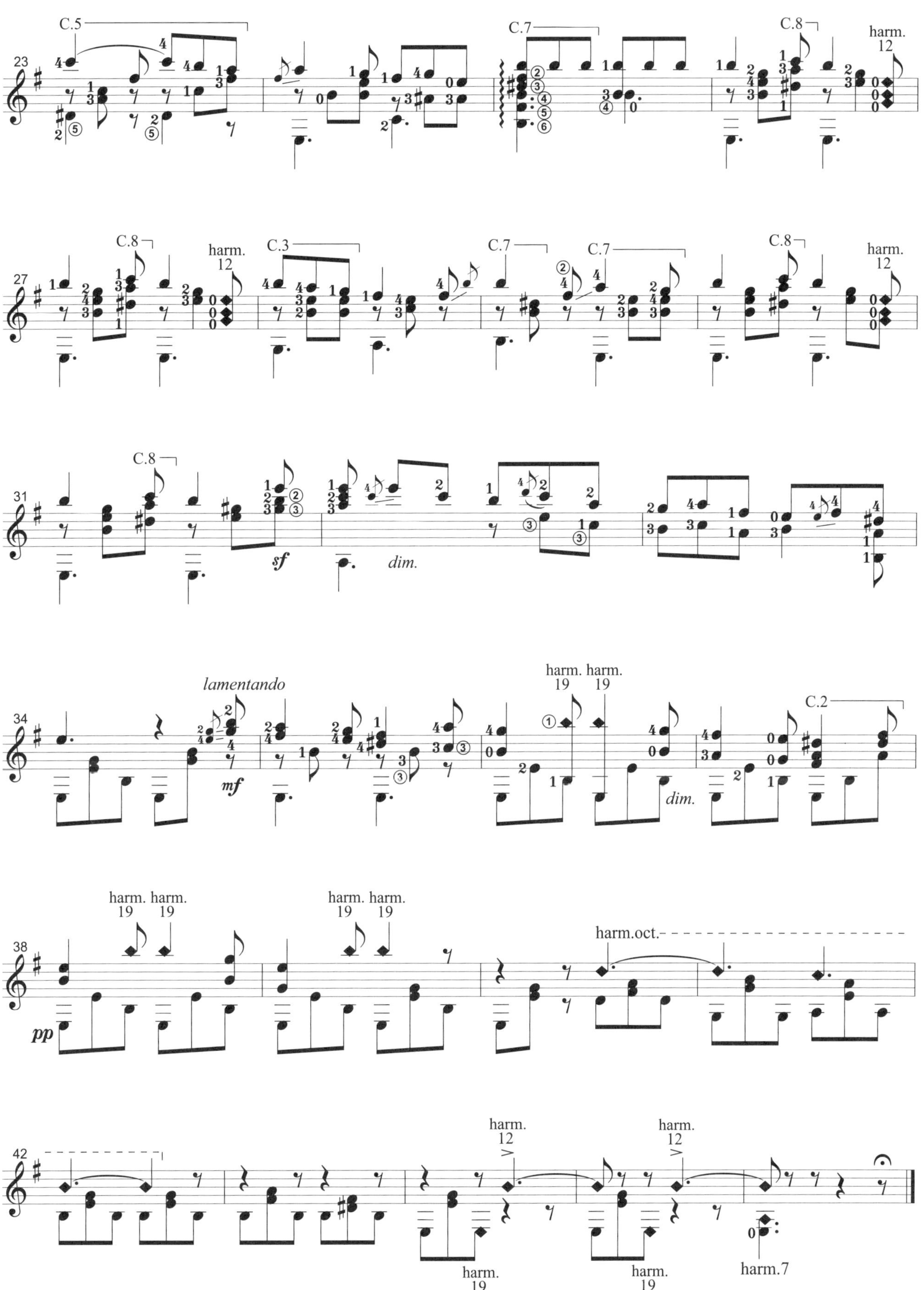

13 무어인의 춤
Danza Mora

이 작품은 호세 파딜라(Jose Padilla)의 '라 비올레테라(La Violetera)'라는 노래에서 영감을 받았으며, 타레가가 자주 듣는 알제리아의 음악(음계와 리듬)을 믹스해서 작곡된 것으로 여겨진다. 스페인어 버전의 노래를 꼭 들어보기 바란다.

채플린의 영화 〈시티 라이트〉에서 나온 음악으로 카와바타 후미코의 '꽃파는 아가씨'라는 타이틀로도 노래되었기 때문에 어디선가 들어본 적이 있는 멜로디일 수 있다. 곡상과 템포 설정에 참고가 될 수 있을 것이다.

2소절의 음계 운지에는 상당히 많은 방법이 있지만, 여기에 표기된 것으로도 문제없이 연주할 수 있을 것이다. 1박자째 시작 부분의 2번 손가락부터 4번 손가락을 벌리기가 어려운 경우에는 2번 손가락 대신에 1번 손가락으로 눌러도 된다. 이 경우에는 **악보 예1**을 참고하기 바란다. *Ligero*는 '가볍게'라는 의미다.

악보 예1

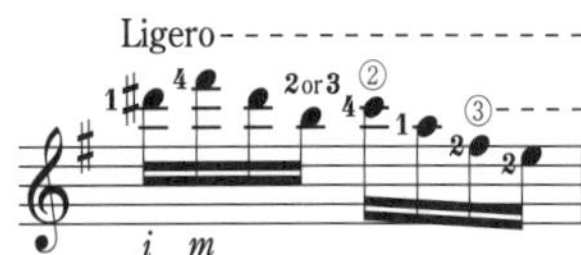

6소절 2박자째부터 이 작품 전체를 통과하는 리듬이 나온다.

7소절의 3프렛 세하의 지정은 세하를 하지 않고, **악보 예2**처럼 하면 뮤트와 *f*의 표현이 쉬워진다.

악보 예2

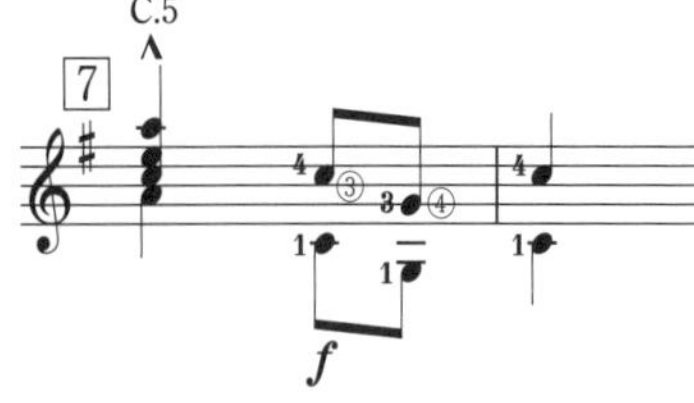

12소절 2박자의 화음은 내성의 움직임이 잘 들리도록 오른손을 컨트롤한다.

15소절 1박자의 파#은 2박자를 유지한다(**악보 예3**).

18소절 마지막까지 이 음을 계속 누른다.

16소절 1박자 멜로디의 셋잇단음표는 슬러로 한다(**악보 예3**).

이후에 나오는 셋잇단음도 마찬가지다.

24소절 1박자 저음의 레는 정확히 1박자 동안 늘인다.

악보 예3

29소절의 운지를 **악보 예4**처럼 하면 다음 소절로의 세하를 자연스럽게 할 수 있다.

악보 예4

31소절 1박자 뒤의 운지는 미=0, 파#=1의 지정도 된다. 지정되어있는 오른손 *m-a*를 타레가가 붙인 것이라고 하면 미는 2번 줄, 4번 손가락을 사용하는 것도 가능하다(**악보 예5**).

악보 예5

34소절부터 옥타브를 내려 노래하는 멜로디도 31소절과 같은 운지를 할 수 있다(**악보 예6**).

악보 예6

37소절부터 나오는 16분음은 오른손의 운지가 *a-i*로 되어있다. 스케일의 속주를 이 조합으로 연주하는 기타리스트가 많다.

나는 *m-i*의 조합으로 연주한다.

38 소절 2박자째는 2프렛 세하이며, 마지막의 솔은 3번 손가락으로 하면 다음 포지션으로의 이동이 비교적 쉬워진다. 쓰여있는 운지는 *rallentando*에 도움이 될 것이다.

46 소절 마지막의 레#에서 솔#으로의 글리산도는 매우 어렵다. 레#을 누르는 동시에 1번 줄 16프렛의 솔#을 보고 과감하게 이동하는 것이 포인트다.

47 소절의 슬러도 누르기 힘든 부분이다. 1박자 뒤의 4번 줄 레#을 1박자부터 준비해서 셋잇단음으로 연주하면 안정된다(**악보 예7**).

악보 예7

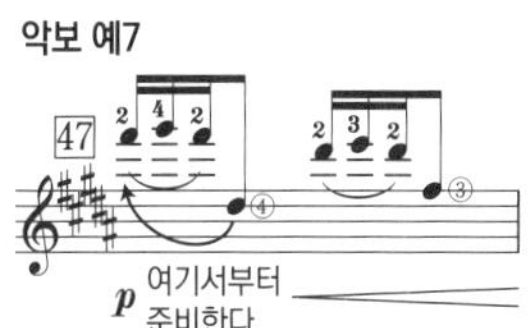

49 소절이 리피트로 향할 때에는 2박자째에서 2프렛 세하로 포지션 이동을 하면 음악의 흐름이 끊어지지 않는다(**악보 예8**). 2회째는 당연히 7프렛 세하를 하고 다음으로 진행한다.

악보 예8

51 소절 1박자 뒤를 연주할 때 저음의 시가 사라지지 않도록 주의하자. 그리고 2박자째 저음의 8분음 쉼표는 *p*를 올려서 뮤트한다(**악보 예9**).

악보 예9

61 소절~64 소절도 같은 방법으로 연주한다. 64 소절부터는 달세뇨로 돌아가기 위한 분위기를 낸다.

Final의 마지막부터 2소절째 2박자째는 **악보 예10**처럼 1번 줄 개방을 섞는 운지도 가능하다.

악보 예10

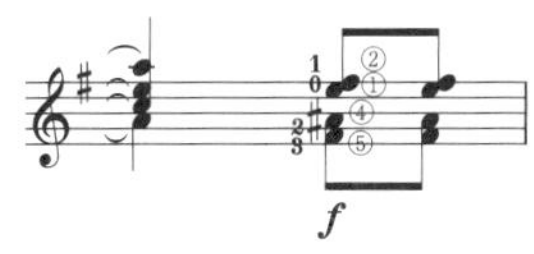

여기까지 대부분의 운지에 대해서 설명했다. 아고기크와 다이내믹스는 작곡자에 의해 명확하게 표시되어있다. 여기에 지정된 표현을 정확히 익히면 표현력이 크게 향상될 것이다.

Danza Mora

무어인의 춤

Francisco Tárrega

14 그랜 호타
Gran Jota

해설: 카케이 마사루

●기타는 작은 오케스트라

이 곡은 기타의 기교를 망라한 것으로서는 길다. 큰북, 작은북, 트럼펫, 파곳의 효과, 왼손만 사용하는 리가도(슬러)의 연속과 첼로가 연상되는 저음의 처리, 하모닉스와 캄파넬라 트레몰로 주법 등을 곳곳에 사용한다. 마지막에는 높은 곳에서 낮은 곳까지 단숨에 연주하며 아르페지오로 화려하게 끝낸다. 연주와 듣는 것과 함께 보기에도 즐거운 곡으로 '기타는 작은 오케스트라다'라는 말을 잘 표현해준다.

제목은 스페인의 대표적인 무곡, 호타에서 온 것이다. 호타는 스페인 각지에서 추는 춤으로 특히 북부 웨스카와 사라고사 등의 아라곤 지방이 대표적이다. 통통 튀면서 회전하는 빠른 3박자의 무곡으로 샤라멜라(charamela)(오보에 스타일의 관악기)의 멜로디에 작은북, 탬버린, 캐스터네츠 등으로 리듬을 연주하며 때로는 기타와 반두리아도 추가된다. 매우 즐거운 춤으로 나도 유학 중에 많이 보고 들었다.

악보는 더 긴 경우를 포함해서 다양한 버전이 있다. 여기서는 당사에서 출판된 버전(현대기타사, 일본)으로 설명을 하겠다. 그럼 순서대로 살펴보자.

●주법해설

1~4의 ♩는 p손가락으로 살을 많이 붙인 두꺼운 음이다. 힘차고 당당한 연주에 의한 큰 스케일의 곡이라는 것을 암시한다. p의 슬라이드를 사용한 아르페지오에서도 1번 줄의 멜로디는 명확하게 소리가 나야 한다.

이런 경우, 연주를 시작하는 저음에만 힘이 들어가고 고음으로 올라갈수록 힘이 약해지는 경우가 많다. 1번 줄을 특히 강하게 연주한다는 생각으로 연주하기 바란다. 음량, 음질, 마음가짐 등, 모든 것이 첫 4소절에서 정해진다. 그리고 이 부분만으로 그 사람의 실력을 어느 정도 예측할 수 있다.

5~20에서는 크레셴도, 데크레셴도의 강약을 효과적으로 이용하고, 7의 내성음의 변화를 명확하게 하자.

18에서 *rall.*을 하고 28의 '호타'가 시작될 때까지는 자유로운 템포다. *m.izq.*(mano izquerda sola)는 오른손으로 줄을 누르지 않고 다음 음을 왼손 손가락만으로 때리거나 할퀴어서 소리를 낸다. 끝까지 에너지를 유지하도록 하자. 이때 오른손은 기타 몸통 옆에 올려놓고 쉬게 하는 것이 보기에도 좋다. 일반적으로는 천천히 시작해서 점점 빨라지고 6번 줄의 파와 미에서 잠시 쉰다. 그 다음의 반음계에서도 점점 빨라져서 흥을 높이고, 페르마타를 하면서 26으로 간다. 26에서는 고음의 미를 잘 들리게 연주하고 27로 힘차게 끝낸다. 여기까지는 긴장감을 잃지 않도록 하자. 그리고 28에서 힘을 빼고 아름답게 '호타'의 연주를 시작한다.

29 2박자째의 슬러에서 1번 줄의 소리를 내지 않도록 하자. *m*을 연주할 때, *a*를 1번 줄에 대고 뮤트하면 좋다.

45~52: 2박자째에 악센트를 주고 통통 튀듯이 연주해서 리듬을 살린다.

53~69: 이번에는 대조적으로 비브라토로 충분히 노래하게 한다. 70부터는 몸으로 리듬을 느끼면서 꾸밈음은 신속하게 가벼운 악센트를 준다. 78~85의 경과구는 정확한 셋잇단음으로 경쾌하게, 그리고 86부터의 멜로디는 템포를 떨어뜨려 첼로가 떠오르는 저음으로 연주한다.

98부터는 템포를 높인다.

106부터 각각의 2박자째 *p*의 음을 또렷하게 내고, 2번 줄 음과의 6도의 하모니가 아름답게 나오도록 한다.

120 3박자째의 1번 손가락은 3번 줄까지 세하하고 다음을 준비한다.

122~133: 피치카토 주법의 요령으로 오른손은 사운드 홀 가까이에서 연주한다. 피치카토 때보다 가볍게 줄에 대고 떨리는 듯한 파곳의 소리를 흉내낸다.

142~167: 큰북 효과로 새들에서 1~2㎝ 정도 왼쪽의 줄 위를 오른손 엄지손가락 측면으로 때려서 연주한다. 이때 손목을 반회전 시키듯이 때려서 몸통의 울림을 충분히 낸다. 실제로 큰북을 때릴 때에도 채로 바로 옆에서 때리지 않고 비스듬하게 위에서 회전을 시키듯이 연주해야만 좋은 소리가 난다. 그리고 엄지손가락의 손톱부분이 각 화음의 최고음부에 오도록 연주해서 멜로디를 낸다.

160~167은 음량을 줄이면서 사라지듯이(*apianando*) 계속 탐보라(tambora)를 하고, 168의 *loco*에서 일반적인 주법으로 돌아온다. 이때는 약한 *p* 슬라이드에 의한 연주가 좋다.

169부터 나오는 하모닉스는 새들 쪽에서 오른손 손톱을 사용해 깔끔하게 소리를 낸다. 4, 9프렛의 하모닉스는 프렛의 바로 위보다 약간 왼쪽에서, 3프렛은 약간 오른쪽에서 연주하면 소리가 잘 난다.

195 ~ 197, 200 ~ 202는 3박자지만, 슬러를 이용해서 2박자처럼 들리는 헤미올라(hemiola) 효과를 낸다. 이때 템포가 빨라지거나 리듬이 흐트러지지 않도록 하자. 하이포지션에서 특히 주의가 필요하다.

204 ~ 215는 처음에는 멜로디만 연주해서 완전히 숙지한 다음, 글리산도를 추가하면 좋다. 글리산도는 손가락을 빠르게 미끄러뜨려서 멜로디를 또렷하게 낸다. 꾸밈음만 커지거나 멜로디가 약해지지 않도록 하자.

224 ~ 225는 경쾌한 슬러로 기분 좋게 연주하자. 각 박자의 시작부분을 정확히 연주해서 멜로디가 잘 들리도록 한다. 이것도 우선은 멜로디만 연주해보면 좋다.

257 ~ 265 부분은 내 경우, 글리산도의 느낌으로 연주한다. 하지만, 악보대로 모두 붙이지는 않는다. 이렇게 연주하면 흐름이 좋고 깔끔하다.

283 3박자째부터 331에 걸친 부분은 손톱을 세워서 새들과 가까운 부분을 연주해 클라리넷 또는 트럼펫 같은 효과를 노린다.

308 부터의 *Tambor* 지시는 작은북 효과다. 5번 줄과 6번 줄을 교차시켜(5번 줄이 6번 줄을 뛰어넘어서) 1번 손가락으로 9프렛을 누르고 두 줄을 연주한다. 315부터는 1번 손가락을 세하하고 작은북의 리듬을 넣으면서 멜로디를 연주한다.

332 ~ 337은 음악대가 멀어지는 느낌을 표현하면서 자유롭게 작은북을 연주한다. 337의 마지막 교차된 줄을 원래 상태로 되돌릴 때에는 잡음이 나지 않도록 오른손을 5, 6번 줄에 대고 1번 손가락을 뗀다.

346부터는 화려한 트레몰로가 등장한다. 크레셴도, 데크레셴도의 강약을 잘 연결하면서 분위기를 띄워 피날레로 이끌어간다. 355의 3박자째 솔은 특히 중요하므로 정확히 소리를 내도록 하자.

드디어 피날레다. 아르페지오는 명확하게 하나하나의 음을 또렷하게 내고, 템포를 올려서 기분을 최고조로 이끌어가 화려하게 마무리한다.

원래 제목이 '연주회용 대규모 호타'인 만큼, 곳곳에 포인트가 있다. 경쾌하고 즐겁고 연주회에 걸맞은 곡이다. 연주자의 실력에 맞춰서 적당히 생략해서 연주하는 것도 재미있다. 너무 빠른 템포에 기교가 잘 드러나는 곡인만큼, 단순히 기교만 강조해버릴 수 있다. 어디까지나 춤곡이라는 것을 명심하고 즐겁게 연주해보자.

Gran Jota

Sobre Motivos Populares

그랜 호타

Francisco Tárrega

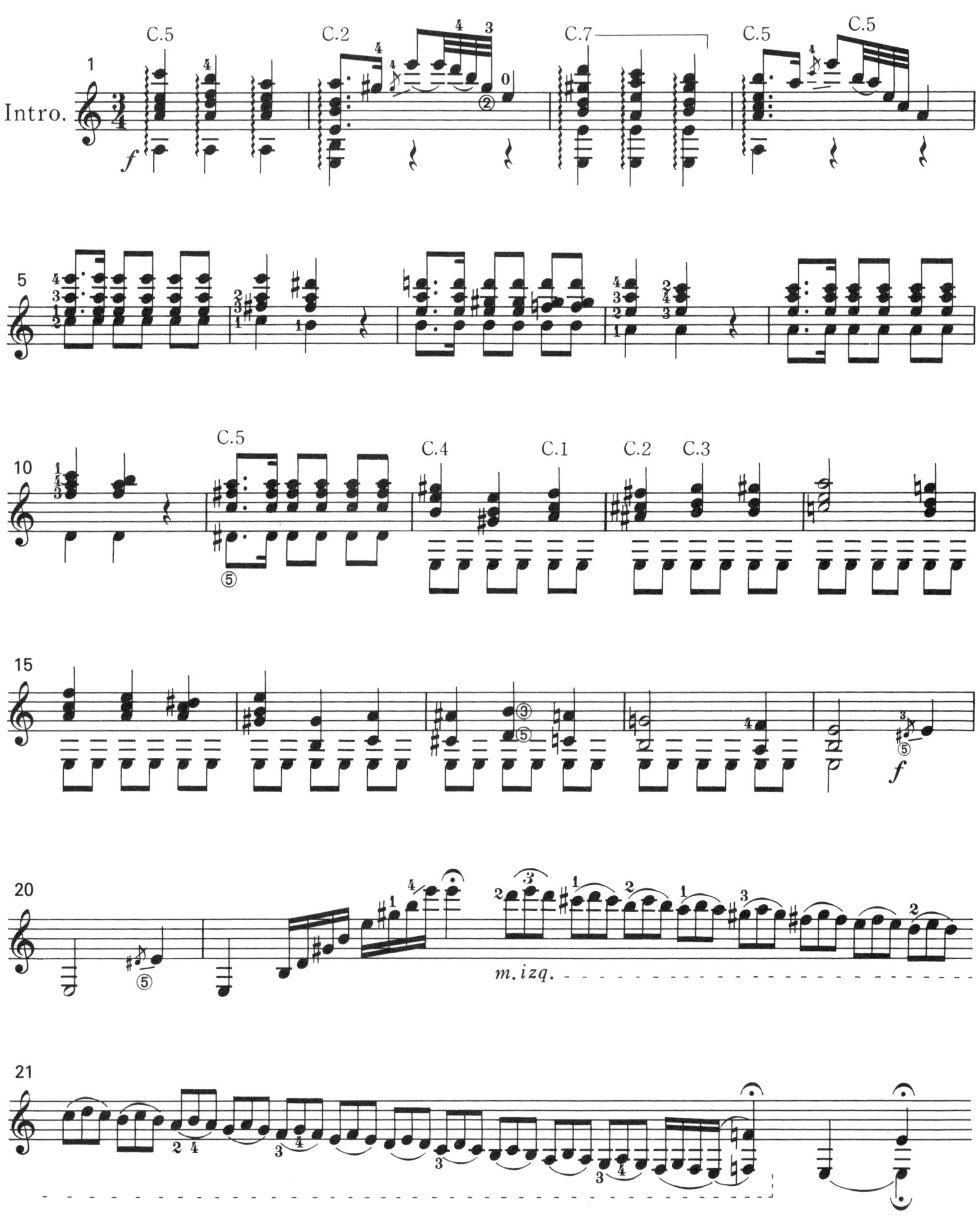

C.2
Imitacion Fagot
harm.

134
141
C.2
147
Tambora
1.
2.
153
1.
159
2.
apianando
loco
C.5
165
loco
dism: hasta perderse
harm. - - - - - - -
7
7
9
172
7
7
12
7
12
7
9
7
4
7 12 7
harm. - - - -
179
1.
12
7
12
7
12
7
9
7
9
7
7
harm. - - - - - - - - - -
4
- - - - -

58

(1) Para hacer el tambor se cruza la 6 y 5 cuerda en la division 9.

più mosso
C.7
C.5
C.2
C.2

<table><tr><td>**15**</td><td># 요람
El Columpio</td></tr></table>

해설: 후지이 케이고

Columpio는 '요람'을 의미한다. 때문에 '자장가'로 생각해도 된다. 저음의 '⑥⑤④⑤'의 느린 움직임은 조용히 흔들리는 요람을 표현한 것이라고 여겨진다. 이 곡은 원래 피아노를 위해 작곡되었다고 한다. 때문에 D장조와 G장조의 악보가 존재하며, 여기서는 D장조로 설명한다. 멜로디의 2분음표는 최대한 충분히 비브라토를 해서 크레셴도를 하도록 음을 부풀린다(**악보 예1**).

이 2분음표에는 악센트가 붙어있지만 때리는 듯한 강함을 요구하지는 않는다.

이 곡에는 3도의 움직임이 많이 나온다. **악보 예2**처럼 가이드하는 손가락을 사용하면 좋다. 이동할 때 힘을 다시 주지 않는 것이 매끄럽게 연주하는 요령이다. 일정하고 가벼운 힘으로 눌러서 미끄러지듯이 팔로 (포지션)이동하는 것이다.

이 책에 게재된 악보는 12harm.이지만, 7harm.의 악보도 있다(**악보 예3**). 7프렛이지만 19프렛이어도 좋다. 연주하기 힘들지만 앞의 음(미)을 연주했으면 오른손을 신속히 준비하자.

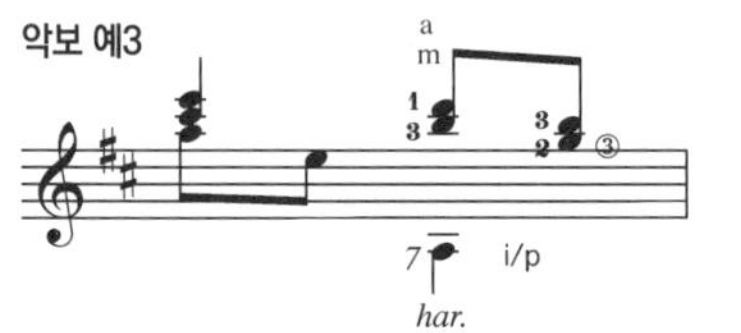

후반의 다섯잇단음은 **악보 예4**처럼 슬러를 붙여도 좋다. 시작은 천천히 아첼레란도(accelerando)하면서 크레셴도한다. 잠자면서 어떤 꿈을 꾸고 있는 묘사일지도 모른다. 다섯잇단음이 끝나는 순간, 다시 느린 요람의 흔들림이 시작된다.

마지막은 **악보 예5**처럼 상승하는 아르페지오를 충분히 데크레셴도한다. 여기에서 아기는 분명히 깊은 잠에 빠졌을 것이다. 깨우지 않도록 요람에서 천천히 멀어지기 바란다.

이 곡은 단순한 음으로 구성되어있다. 따라서 풍부한 이미지를 가지고 연주하자.

El Columpio

요람

16 로시타
Rosita

'체코의 무곡'이라 불리는 '폴카'는 요한 슈트라우스 1세와 2세의 곡으로 유명하며, 타레가가 활약한 시대에 유행했다. 타레가는 이 오리지널곡의 폴카 '로시타' 이외에 호아킨 바르베르테가 작곡한 사르수엘라(zarzuela) '불쌍한 발부에나'에서 '일본의 폴카'라는 곡을 기타 솔로로 편곡했다. '일본의 폴카'라고 했지만 일본적이지는 않다. '저 먼 나라인 일본의 아가씨가 날 좋아하면 모두들 놀라겠지!'라는 노래로 가사에 '나가사키, 요코하마…'와 같은 일본의 지명이 추임새로 들어간다. 이처럼 폴카는 일반적으로 밝고 쾌활하며 즐거운 곡이 많다. '로시타'도 폴카다운 폴카다.

다 카포를 하는 방법은 사람마다 다양하다. 악보에는 *D.C.*라고 되어있으므로 맨 처음으로 돌아가면 된다. 하지만 **악보 예1-a**처럼 아우프닥트의 글리산도를 빼는 사람도 있다. **악보 예1-b**처럼 G장조의 마지막 부분에 시작부분의 글리산도를 넣는 경우도 있다. 나는 **악보 예1-c처럼** 연주한다.

악보 예1

6~7소절에 걸쳐서 도#부터 꾸밈음 파#으로는 1번 손가락과 4번 손가락을 벌려서 누른다. 손이 작은 사람은 **악보 예2**를 시도해보기 바란다.

악보 예2

G장조가 된 후로는 멜로디가 내성이 된다. 따라서 반주의 레와 시가 너무 강해지지 않도록 한다. 멜로디의 옥타브 아래는 팀파니, 튜바의 힘차고 화려한 울림이다. 18소절째는 연주하기 매우 힘들기 때문에 **악보 예3**과 같은 운지도 괜찮다고 생각한다.

악보 예3

악보 예4의 글리산도는 연주하기 어렵다. 따라서 반드시 이동하기 전에 다음 포지션을 미리 알아둔다. 4번 손가락으로 불안정하다면 3번 손가락으로 연주해도 된다.

악보 예4

G장조 섹션의 마지막 4소절은 박자마다 화음이 바뀌므로 음의 진행이 매끄럽지 못한 경우가 있다. **악보 예5**처럼 G→G#dim7→Am로 하나의 프레이즈, 그리고 마지막 마침꼴을 하나의 프레이즈로 생각하자.

악보 예5

Rosita

Polka

로시타

Francisco Tárrega

6ª en Ré

17 아침의 노래
Alborada

해설: 후지이 케이고

'오르골'이라는 부제가 붙어있는 곡으로 기타 작품 중에서도 매우 어렵다. 'm.iz.'로 지시되어 왼손만으로 연주하는 패시지와 하모닉스가 겹치는 부분이 '오르골'을 떠올리게 한다.

이 곡은 [10]소절이 **악보 예1-a**처럼 되어있지만, **악보 예1-b**가 맞는 것이라 생각한다.

왼손만으로 연주하는 'm.iz.'와 하모닉스는 따로 연습한 후에 함께 연주한다. 와운드줄에서 i/a로 하모닉스를 해서 노이즈가 발생하는 경우에는 i/p로 연주해보자(**악보 예2**).

왼손만으로 하는 슬러는 다른 신뢰할 수 있는 출판물로 추측해보건데 **악보 예3**이 타레가의 운지라고 생각된다. **악보 예4**로 연주하는 사람도 있다. 나는 **악보 예5**로 연주한다. 따라서 중간부와 D장조에서 나오는 m.iz.는 **악보 예6**처럼 연주했다. 맨 처음에 파#의 작은 음표를 붙인 것은 이 패시지를 왼손만으로 연주하기

위해서다. 1번 줄 12프렛의 미를 왼손만으로 소리를 내기 위해서는 2가지 방법이 있다. 그 중 하나는 때리는 것이다. 이 경우 12프렛과 너트의 사이가 울리게 된다. 또 하나는 **악보 예5**와 **악보 예6**처럼 하행 슬러와 같은 요령으로 왼손으로 연주하는 방법이다. **악보 예6**에는 5포지션을 반만 세하하도록 되어있다. 이것도 역시 누른 곳과 너트 사이가 울리거나 줄이 프렛에 닿는 노이즈를 피하기 위해서다.

이 곡에는 4→4라는 글리산도가 나온다. 4손가락은 가늘다. 따라서 하이포지션으로 신속하게 이동할 때 손가락에 부담을 줄 수 있다. 이런 경우에는 **악보 예7**을 참고하자.

'아침의 노래'는 타레가의 작품 중에서 비교적 듣기 어려운 편이다. 하지만 기타만의 매력을 가지고 있으므로 반드시 도전해보기 바란다.

악보 예1

악보 예2

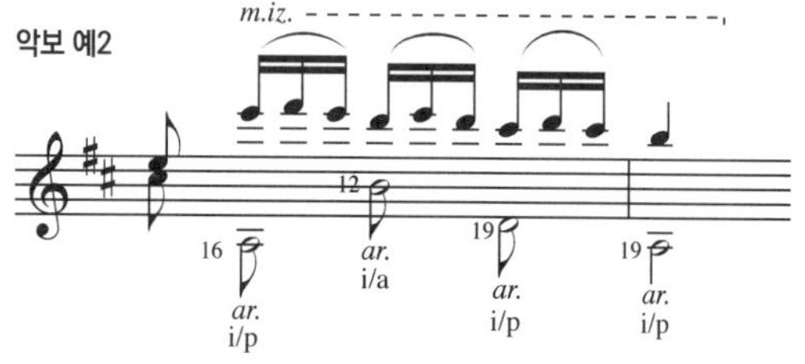

악보 예3

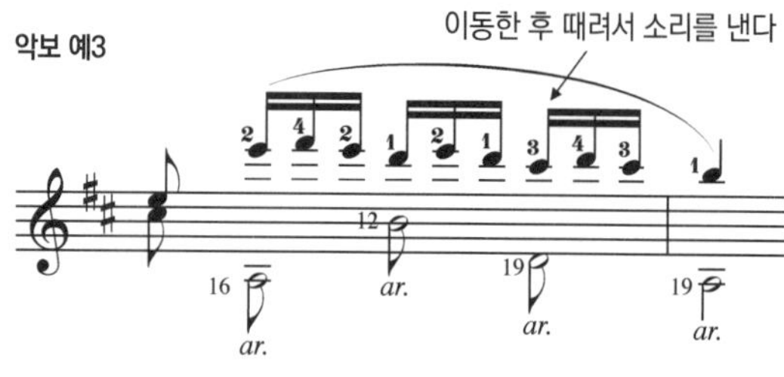

악보 예4

악보 예5

악보 예7

악보 예6

Alborada

아침의 노래

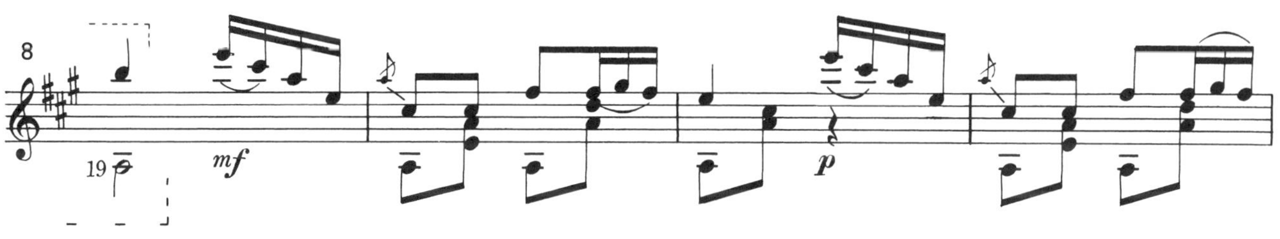

2.
17
C.10
20
23
26
30
D.C.

18 파바나
Pavana

'파바나' 뿐만 아니라 타레가의 곡을 연주할 때에는 글리산도에 주의해야 한다. **악보 예1-a**는 당겨서 소리를 내는, 즉 도달음은 연주하지 않는 글리산도다. 시작하는 음(맨 처음 음)이 짧아질 수 있으므로 주의해야 한다. **악보 예1-b**는 연주한 후 바로 당기는 글리산도다. 이것은 작은 음표(꾸밈음)가 길어지지 않도록 해야 한다. **악보 예1-c**는 당긴 후에 다시 연주하는 글리산도다. 난감하게도 당겨서 소리를 내라고 지시하는 악보도 있다. 어느 쪽이 맞는지는 신중하게 생각해야 한다. 두 가지 모두 맞다고 볼 수도 있다. 그것은 타레가가 악보를 쓴 시기가 다르기 때문이다. 같은 곡의 악보라도 경우에 따라서는 몇 년의 차이가 있을 수 있다. 예를 들어 알베니즈의 '그라나다'와 말라츠의 '세레나데'의 만년의 자필 악보를 보면 일반적으로 알려진 악보와의 차이에 깜짝 놀라게 된다.

[2]소절의 3박자째와 4박자째는 프레이즈가 끊어지지 않도록 연주하자. 이 곡은 포지션 이동이 많아서 프레이즈가 짧아지는 경향이 있다. 왼손의 이동은 가능한 매끄럽게 하고, 악센트가 붙지 않도록 하자.

[17]소절은 4번 손가락이 매우 바쁘게 움직이므로(4→4→1→4) 어렵다. **악보 예2**와 같이 8분음표 하나 만큼 빠르게 이동하는 운지일 가능성도 있다.

[22]소절의 3도의 이동도 매우 연주하기 힘든 패시지다. 개방현을 이용하고 4번 손가락을 가이드로 사용하면 간단해진다(**악보 예3**).

[32]소절부터는 피치카토로 되어있는 악보도 있다(**악보 예4**).

[22]소절과 [30]소절의 *rit.* 뒤에서 *a tempo*가 아닌 아첼레란도로 연주하는 것을 들은 적이 있다. *f*와 *a tempo*로 연주하자(**악보 예5**). 이렇게 하는 편이 훨씬 멋지다.

타레가가 '파바나'를 어떻게 생각하고 있었는지는 알 수 없지만, 이 곡에는 가볍고 우아한 곡상이 어울린다.

악보 예1

악보 예2

악보 예5

Pavana

파바나

Francisco Tárrega

마주르카 G장조
Mazurka

해설: 아즈마 타카유키

이 작품은 훌륭한 안과의사인 친구, 산티아고 알비토스에게 헌정한 곡이다. 이 밖의 유명한 마주르카에는 타레가의 딸들의 이름이 등장하지만 이 곡에만 부제가 없다.

이 악보 바로 직전의 악보에는 '마리에타'라고 표기된 것도 있다고 한다(잘 못 표기된 것일 수도 있다), 타이틀이 '마리에타'인 마주르카는 어린 나이에 죽은 마리아 호세파를 위해, 그리고 이 곡 '마주르카 G장조'는 둘째인 마리아 로사리아를 위해 쓴 것이 아닐까? 어디까지나 나의 상상이다.

그렇다면 구체적으로 살펴보자.

운지는 작곡자가 명확하게 악보에 표기해두었다. 타레가가 의도한 표현도 이 운지를 지키는 것과 지시한 표현기호로 느낄 수 있다.

하지만 표기된 운지가 어려워 모처럼 흥미를 가진 작품을 포기하는 사람도 있을 것이다.

매우 안타까운 일이다. 따라서 지금부터 해설하는 운지를 참고하기 바란다.

[1]소절은 **악보 예1**처럼 하면 2박자에서 3박자로 원활하게 이동할 수 있다. 익숙해질 때까지 왼쪽 팔꿈치를 몸 가까이에 두거나 멀리 두면서 적절한 위치를 찾기 바란다. 이것은 타레가의 작품에서 자주 사용되는 테크닉이다.

악보 예1

[2]소절은 표기된 운지로 연주하기 어려운 곳이다. 울림의 느낌이 약간 달라지긴 했지만 **악보 예2**를 보기 바란다.

악보 예2

저음의 솔을 이 소절이 끝날 때까지 끊어지지 않게 유지할 수 있으면 이 운지로도 된다(2박자째 뒤의 운지는 [1]소절에서 나온 것과 마찬가지로 왼쪽 팔꿈치의 움직임을 이용한다).

[7]소절의 내성 1박자 마지막의 도는 2박자째에서 끊어지지 않도록 3박자째 내성 도까지 유지한다.

[8]소절 3박자의 하모닉스는 음이 끊어지지 않도록 [9]소절 2박자째까지 늘인다.

[9]소절은 표기된 대로 연주해도 전혀 문제가 없다. 나는 3박자째의 파#이 잘 울리도록 2번 줄을 4번 손가락으로 누른다. 이 경우 내성 도의 3번 줄은 2번 손가락으로 누른다.

[13]소절 3박자 뒤의 레와 시는 각각 3번 손가락과 4번 손가락, [14]소절 1박자 뒤는 5프렛 작은 세하, 2박자 뒤의 시와 솔#은 각각 3번과 4번 손가락으로 누르면 된다(**악보 예3**).

악보 예3

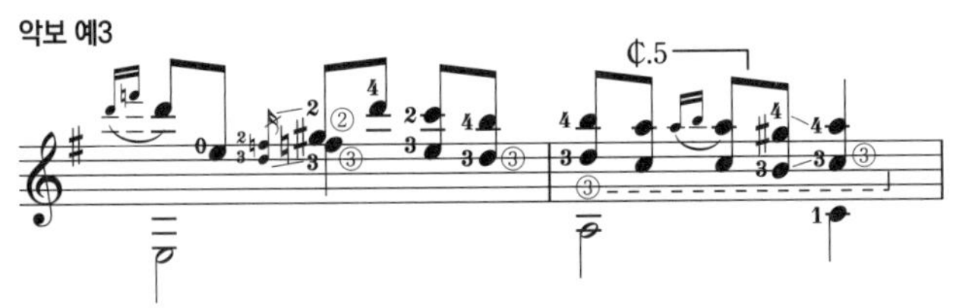

[17]소절부터 내성에 나타나는 멜로디를 잘 울리도록 하기 위해서 *p*로 연주하면 더욱 각 성부가 잘 구분되어 들린다(**악보 예4**).

[18]소절을 지정된 7프렛 세하로 누르는 경우에 1박자 뒤의 파#은 4번 손가락으로, 2박자의 솔로는 4번 손가락으로 연결하면 된다. **악보 예5**의 방법으로는 [17]소절을 세하 없이 연주할 수 있다.

[19]소절의 1박자 저음의 레는 점2분음표다. 하지만 실제로는 끝까지 늘일 수 없다. [21]소절과 [22]소절은 세하를 하며 손가락을 크게 벌려야 한다는 점, 그리고 같은 줄에서 옥타브(레#) 이동이 있으므로 많은 연습을 해야 한다.

[24]소절 저음의 레는 2박자 뒤에서 끊어지지 않도록 유지해야 한다.

이어서 아고기크다. 지시는 적지만 매우 명확하게 악보에 적혀 있다. 작품의 구성을 확인하면 그 의도를 명확히 알 수 있다.

예를 들어 [9]소절부터는 내성이었던 멜로디를 상성으로 옮겨 옥타브를 올려서 시작하고, [11]소절의 *rit.*는 3소절의 *rit.*에 대응

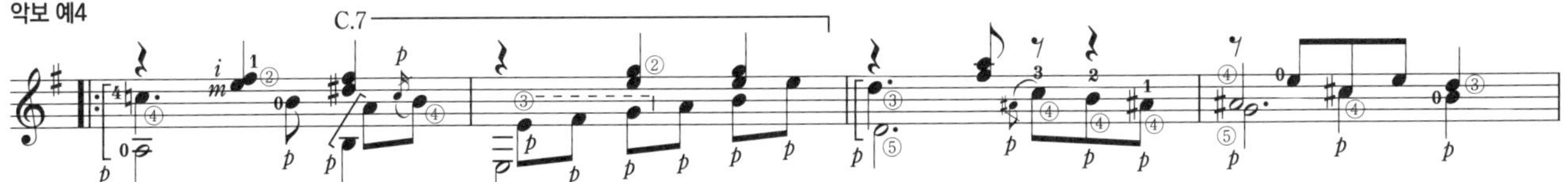

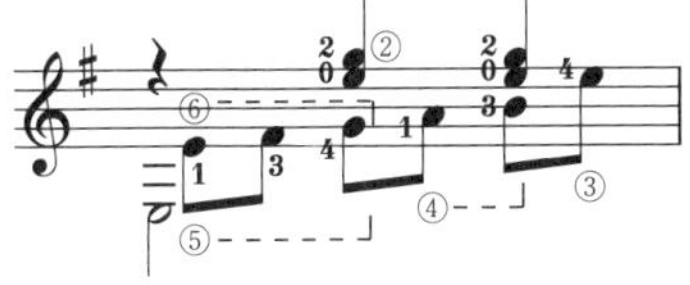

한다.

타레가는 확실히 쇼팽의 마주르카에서 영향을 받았다. 지시되어 있지 않아도 *rubato*는 해야 한다고 생각한다. 하지만 전체의 밸런스는 무너지지 않아야 한다.

기본적으로 리피트에서는 같은 표현을 하지 않는 것이 좋다. 이 작품은 ABA의 3부 형식이지만, A는 후반도 합쳐서 3번 연주한다. 마이크로(아고기크와 디나미크)를 확인한 후, 마크로(전체적인 흐름)를 생각해서 표현하면 더욱 생동감 넘치게 들릴 것이다.

Mazurka

마주르카

Francisco Tárrega

20 마리에타
Marieta

해설: 아즈마 타카유키

타레가는 '마주르카'를 여러 곡 작곡했으며, 이 소품은 타레가의 타이틀에서 자주 볼 수 있듯이 사람의 이름이 붙어있다. 생후 4개월 만에 죽은 장녀 마리아 호세파를 그리며 작곡했다는 이야기도 있다.

타레가가 직접 기보한 악보 중에는 'Tristezas(슬픔)'이라고 쓰여 있는 것도 있다.

둘째인 마리아 로사리아도 마리에타로 알려져 있다. 스페인에서는 양친의 이름을 아이들에게 붙이는 것이 일반적이어서 좀 복잡한 면이 있다(타레가 집안도 장남 파키트는 아버지 프란스시코의 애칭이며, 마리에타는 어머니 마리아의 애칭이다).

이 곡은 타레가의 친구 산티아고 히스벨트에게 헌정되었다.

마주르카는 폴란드의 무곡형식이지만 쇼팽의 작품에서도 볼 수 있듯이 그 속도와 곡상은 변화가 풍부하다. 쇼팽의 마주르카를 들어볼 것을 권장한다.

기타리스트가 작곡한 작품에서 운지는 쉽게 변경해서는 안 된다고 생각한다. 하지만, 음악적으로 문제가 없다면 다른 방법도 검증할 가치가 있다고 생각한다.

특히 타레가의 작품은 기타의 울림을 충분히 살릴 수 있는 포지션을 이용하고 있다. 이 소품은 여러 곡집에 수록되어있어 손쉽게 여러 버전을 입수할 수 있다. 이 버전들을 살펴보면 각각 악센트의 위치와 운지가 미묘하게 다르다는 것을 알 수 있다. 작곡자의 의도를 정확하게 판단하기 위해서는 손으로 쓴 악보를 가장 신뢰할 수 있다. 하지만 손으로 쓴 악보도 메모 수준의 것부터 출판사에 보내기 위해 정서를 한 것까지 다양하다. 이것들의 차이를 발견하는 것만으로도 많은 공부가 될 것이다.

그렇다면 이 곡을 실제로 읽어보자.

타레가의 작품은 글리산도와 포르타멘토에서도 그 특징을 발견할 수 있다. 시작부분 아우프탁트의 글리산도는 이 곡의 분위기를 내기 위한 필수적인 요소다. 다만 그 표현방법은 한 가지가 아니다. 꾸밈음인 도를 길게 하면 더욱 무거운 분위기가 된다. 어느 표현이든 미의 음이 중요하므로 정확히 소리를 내자.

①소절 1박자째 악센트를 제대로 내기 위해서 5프렛의 절반 세하는 2박자째부터 해도 좋다.

②소절 2박자째의 라는 4번 손가락으로 눌러도 된다.

②소절 3박자째의 악센트가 붙어있는 미가 제대로 소리를 내도록 슬러를 한다.

③소절 1박자째의 음은 지정된 길이를 유지한다.

이 곡의 멜로디는 항상 레가토로 연주할 수 있도록 연습하자.

⑦소절 1박자째 뒤부터 시작되는 슬러는 내가 본 손으로 쓴 원고에서는 1박자째부터 시작한다(하지만 출판된 악보에서는 이렇게 된 것을 본 적이 없다)**(악보 예1)**.

악보 예1

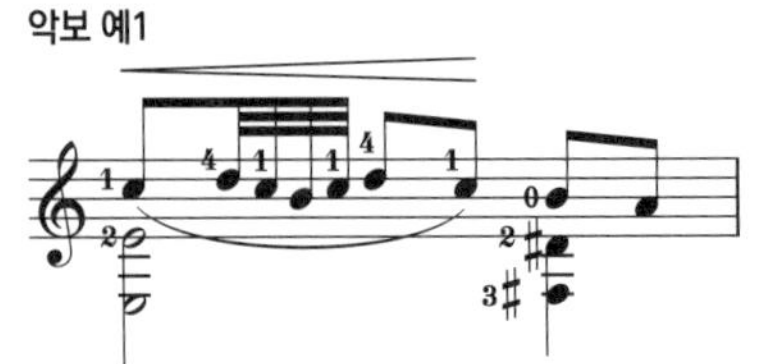

여기서부터는 지정된 대로 리타르단도를 한다.

⑧소절 2박자째는 옥타브 하모닉스로 자연스러운 흐름을 만들 수 있다.

⑧소절 3박자째부터 이번에는 멜로디가 옥타브 아래에서 연주된다. 최대한 p손가락을 사용해서 연주하면 선율이 더욱 부각되어 들린다. 조잡한 연주가 되지 않도록 하자.

두 줄을 동시에 p로 연주할 때에는 멜로디가 크게 나도록 컨트롤한다. 물론 오른손 컨트롤에 자신이 있다면 p를 무리해서 사용할 필요는 없다. ⑪소절 3박자째 저음의 미는 ⑫소절과 겹쳐지지 않도록 뮤트한다.

⑰소절째부터는 *più mosso*로 A장조에서 A단조로 조바꿈을 한다.

⑰소절 2박자째의 운지는 매우 어렵다. 하지만 1박자 동안의 저음을 유지하기 위해서는 이 방법이 가장 좋다.

하지만 이건 너무 어렵다. 저음의 미는 희생되겠지만 레를 3번 손가락으로 누르는 것이 현실적이다.

지정된 운지로 연주하는 경우에는 다음과 같이 연습하기 바란다. 먼저 5번 줄 미를 3번 손가락, 3번 줄 레를 2번 손가락, 2번 줄 파#를 4번 손가락으로 누른다. 상당히 어려운 운지이며 3가지 음이 모두 나는 포지션을 찾아야 한다. 이것이 되면 5프렛의 세하를 추가한다. 이것이 2박자째 운지의 이상적인 형태이며, 1박자의 세하에서 연결하기 바란다. 손가락을 혹사시키는 연습이므로 시간을 충분히 들여 천천히 연습하자.

19소절 1박자째 라의 음은 손가락을 세워서 누르지 않으면 미의 개방이 탁해져버린다. 3박자 마지막의 라는 2번 줄을 때리는 슬러지만 음은 잘 날 것이다.

타레가의 작품은 '연주는 할 수 있지만 음악적인 연주와 표현이 힘들다'는 말을 많이 듣는다. 이 말에는 나도 동감하며 '마리에타'는 그런 면에서 높은 난이도의 소품이다.

자신이 좋아하는 연주가의 CD를 많이 듣고 분위기를 파악하는 것도 좋은 방법이다. 악보에 표기된 디나미크, 아고기크, 템포 등, 작곡자가 지정한 것을 지키면서 연주하면 얻는 것이 많을 것이다.

그 단서는 악보에서 찾기 바란다.

Marieta

Mazurka

마리에타

Francisco Tárrega

Lento

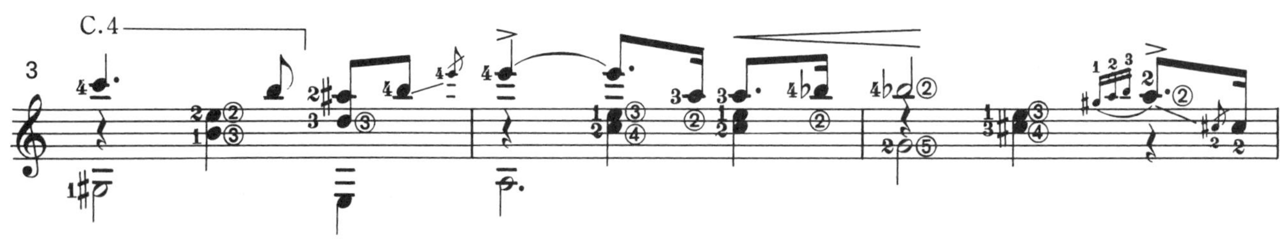

15
C.2
harm.
più mosso
C.5
C.7
Fine
f
18
C.5
C.7
rit.
21
C.5
f
a tempo
f
p
rit.
24
C.2
a tempo
27
30
a tempo
p
rit.
D.S. al Fine

21 알함브라 궁전의 추억
Recuerdos de la Alhambra

해설: 후지이 케이고

'알함브라 궁전의 추억'의 포인트

'알함브라 궁전의 추억'의 자필 악보에는 1899년 12월 8일이라는 날짜와 '콘치타 고메스 데 하코비 부인에게 바친다'라고 쓰여 있다.

악보 예1

작곡은 1896년에 그라나다의 알함브라 궁정에 초대되었을 때부터 시작되었을 것으로 여겨진다. 출판된 악보에는 프랑스의 기타리스트 '알프레드 코틴을 기리며'라고 쓰여 있다.

'알함브라 궁전의 추억'은 기타 곡의 명곡 중 명곡이며 스페인의 정서를 담은 걸작이다.

그렇다면 어떤 점에서 스페인적인가? 트레몰로의 섬세한 음이 알함브라 궁전의 벽면에 묘사된 아라베스크 모양을 이미지하고 있을지도 모른다. 곡의 곳곳에서 보이는 프랄트릴러의 꾸밈음도 스페인적이다**(악보 예1)**.

특히 안달루시아의 음악에는 이러한 멜리스마가 들어간 선율이 자주 사용된다.

악보 예2는 파랴의 '덧없는 인생'의 기타 반주에 사용되는 부분이다. 전반의 끝나는 방법은 반마침(프리기아 마침)이며, 버금딸림화음이 증5, 6도 화음으로 변화되어 더욱 프리기아적인 느낌을 낸다.

악보 예2

악보 예3

이 프리기아 선법은 특히 안달루시아적인 느낌을 짙게 한다**(악보 예3)**.

그렇다면 '알함브라 궁전의 추억'이 어떠한 구조로 되어있는지 살펴보자.

모티브는 최초의 4소절이다. **악보 예4**의 A1에 표시된 것처럼 삼각형을 이루고 있다. 전반의 A단조 부분의 멜로디는 기본적으로 모두 이 형태를 이루고 있다. A1은 단조, A2에서 3도 높아진 멜로디는 장조로 밝아진다. A3, A4, A5는 A1, A2에는 없었던 앞꾸밈음과 꾸밈음(프랄트릴러)이 등장하지만 멜로디의 형태(삼각형)는 같다. 4소절의 프레이즈가 5회로 구성되어있지만 한가운데의 3회째가 음으로는 가장 높아 정점을 이루고 있다.

이어지는 A장조의 시작도 A1과 같은 삼각형의 프레이즈다. 다음의 B는 위로 많이 올라가는 역삼각형이다. 즉 B는 완전히 새로운 프레이즈로 느껴지지만 사실은 A1의 반대로 진행되는 형태다. 이다음, 마지막을 향할 때에는 삼각형의 멜로디는 모습을 감추고 직선적인 하행이나 그 반대 형태인 상행으로 구성되어있다. 하지만 D1+E1과 D2+E2는 상행이나 하행으로 되어있으므로 8소절이 큰 삼각형을 이루고 있다고 할 수 있다.

이렇게 보면 A1+A2+A3+A4+A5가 큰 삼각형을 이루고 있다는 것도 알 수 있다. 아래로 향한 삼각형은 '슬픔'을 느끼게 하고, 위로 향한 삼각형은 '기쁨'을 느끼게 한다.

작은 단위(4소절)로 보면 아래로 향한 삼각형으로 이루어져 있는 이 곡은 전체적으로는 위로 향한 삼각형으로 이루어져 있다는 것을 알 수 있다.

트레몰로로 엮인 선율을 소박한 반주로 지지하면서 화려한 전개도 없이 담담하게 진행되는 이 '알함브라 궁전의 추억'을 다 들었을 때 기쁨과 따스함이 느껴지는 것은 하행하는 A1의 모티브가 반복되면서 큰 상행의 삼각형이 느껴지기 때문일 것이다.

이 곡의 가장 높은 음은 마지막에서 2소절 전의 미이다. 하지만 이것은 어디까지나 곡이 끝난 후의 여운 부분이라고 생각된다. 실질적으로 가장 높은 음은 프레이즈B의 레다. 이 음을 보면 곡 전체가 위를 향해 삼각형을 이루고 있다는 것을 알 수 있다.

A1의 멜로디를 여러 번 반복하는 단순한 수법을 사용하면서

감동적인 곡을 만들 수 있다는 것이 바로 천재의 능력이다.

악보 예5를 보자. 4성으로 만들어진 이 곡 아래의 2성부가 반주, 위의 2성부가 멜로디라는 것을 알 수 있다.

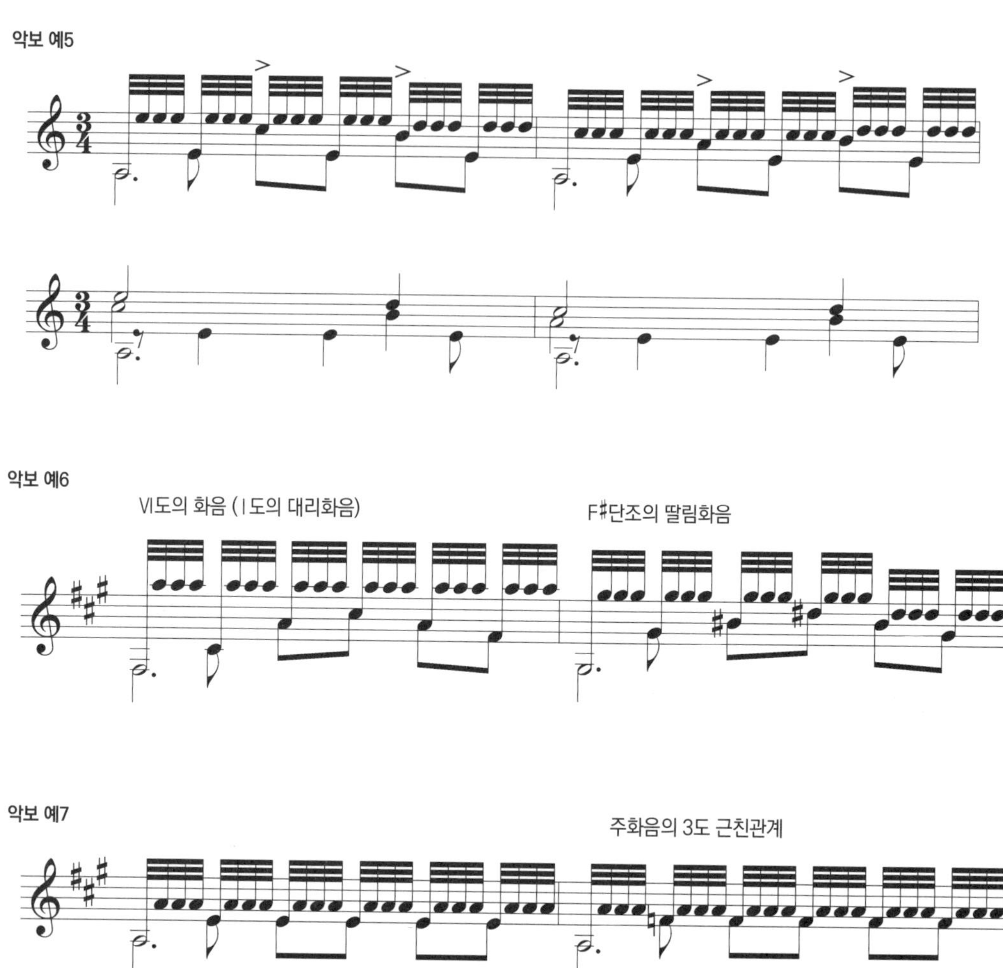

물론 가장 높은 성부가 메인 멜로디지만 그 아래(3번 줄로 연주하고 있는)의 멜로디도 중요하다는 것을 알 수 있다. 타레가는 이 성부에 악센트 기호를 붙여서 그 중요성을 나타내고 있다.

그 외에 몇 가지의 아름다운 화음 사용법이 등장한다. **악보 예6**에서는 토닉의 대리화음에서 일시적으로 단조로 바뀐다. 멜로디가 정점에 도달한 직후, 단숨에 그늘이 드리운다. **악보 예7**은 코다지만, 여기서는 3도 근친관계의 화음을 사용했다. 갑자기 새로운 빛이 비치는 것 같은 새로움이 느껴진다.

슬러에서 기술적인 문제가 발생하는 경우가 있다. **악보 예8-b** 처럼 슬러를 때린 음이 명확하게 나지 않는 경우가 있다. 이것은 그 뒤의 내려가는 슬러에 너무 신경을 쓴 것이 원인일 수 있다. 따라서 올라가는 음(때리는 음)의 소리를 명확하게 내야 한다. 하강 슬러는 최대한 손가락으로 한다. 하행 슬러에서 팔꿈치를 움직이면 그 다음의 운지가 힘들어진다.

프레이즈를 더욱 자연스럽게 하기 위해서는 프레이즈와 호흡

을 맞추어야 한다. **악보 예9**를 참고해보자. 숨을 내쉴 때 치아 사이로 '후~' 하고 소리를 내거나 휘파람을 불어보자. 호흡에 문제가 있거나 힘이 너무 들어갔다면 내쉬는 소리가 흐트러진다. 호흡이 흐트러지지 않도록 하는 것이 자연스럽고 아름다운 프레이즈를 위한 첫 걸음이다.

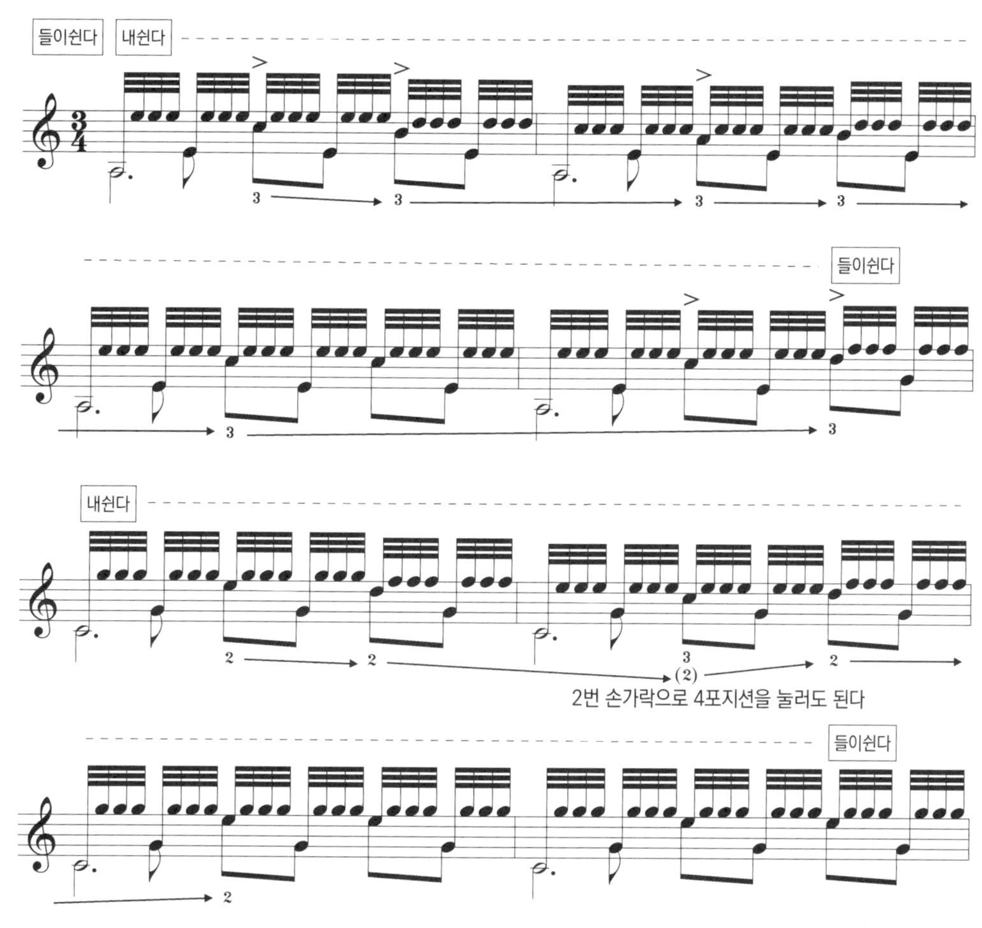

악보 예10의 운지는 매우 어렵다. 소리가 나더라도 음정이 불안정해질 수 있으므로 주의해야 한다. **악보 예10-a**처럼 타레가는 4번 줄의 도를 계속 누르고 있을 가능성이 있다. 때문에 3번 줄의 파를 2번 손가락으로 누르도록 지시하고 있는 것이다. 나는 **악보 예10-b**처럼 비스듬한 세하와 3번 손가락의 세하를 사용

한다. 이렇게 하면 간단하다고 말하기는 어렵지만 이 섹션에서 곤란에 빠진다면 시도해보기 바란다.

기타로 연주되는 곡에는 의외로 유행이 있다. 하지만 이 '알함브라 궁전의 추억'은 영원히 기타의 명곡으로 존재할 것이다.

Recuerdos de la Alhambra

알함브라 궁전의 추억

Francisco Tárrega

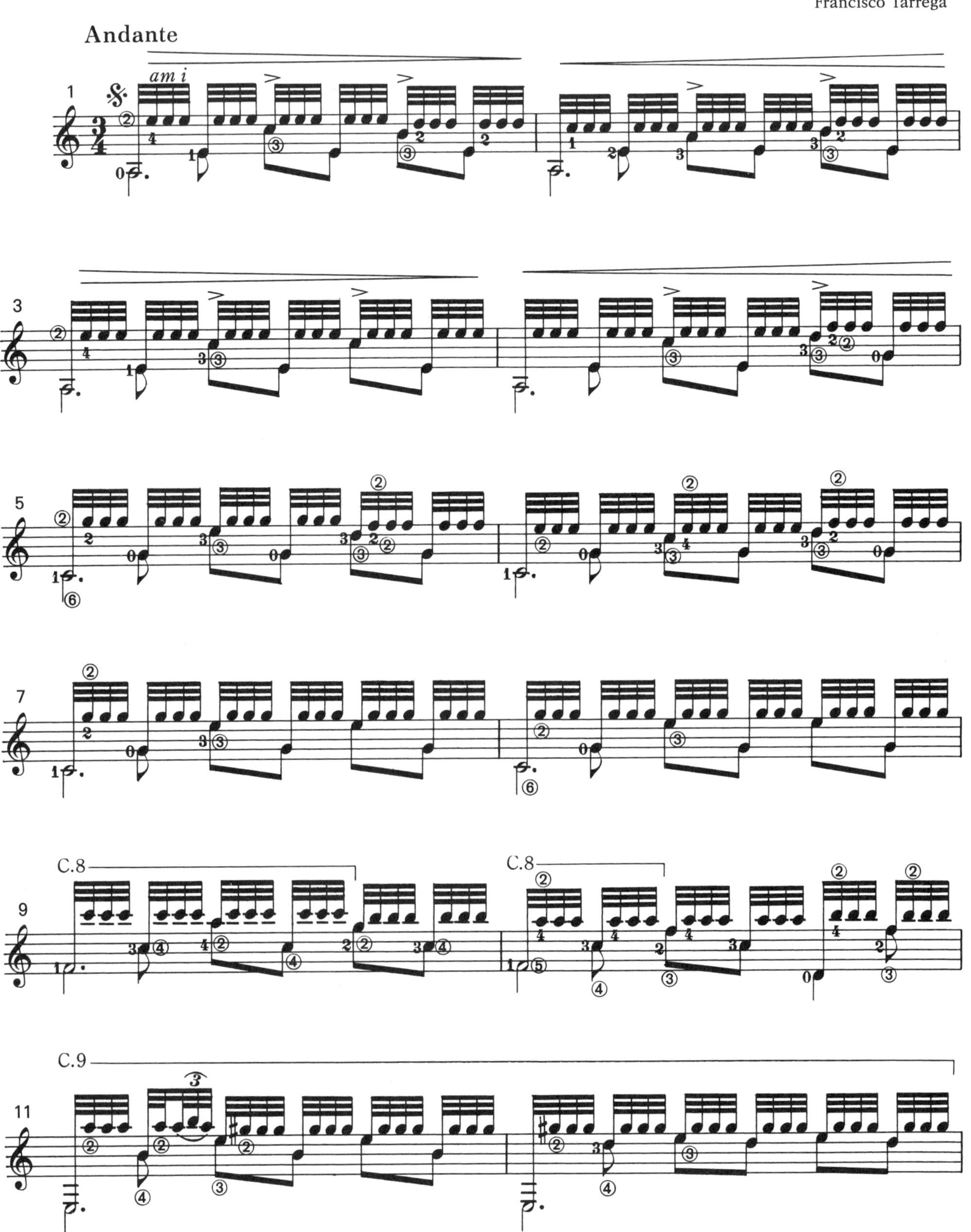

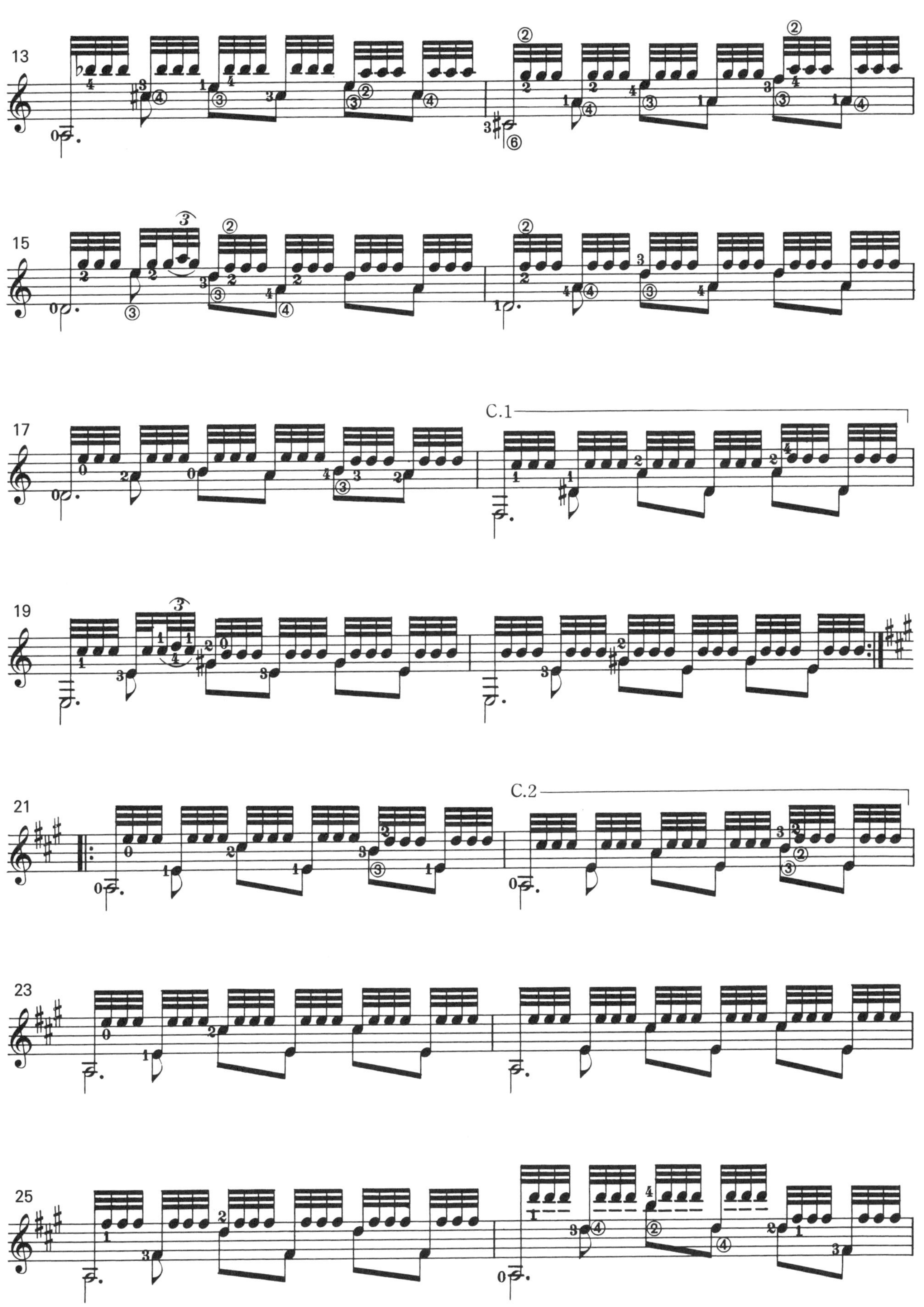

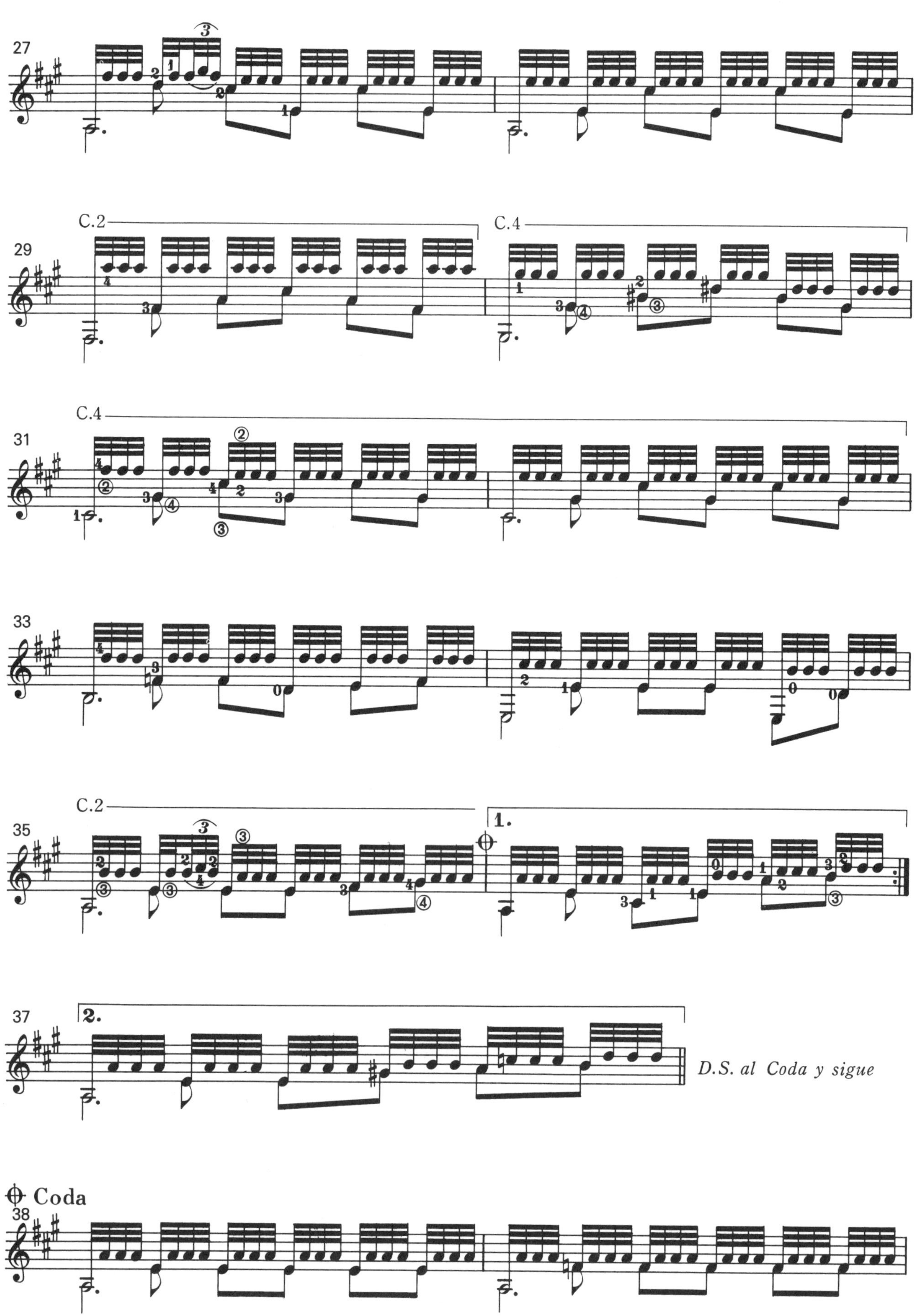

27
C.2
C.4
29
C.4
31
33
C.2
1.
35
2.
37
D.S. al Coda y sigue
Coda
38

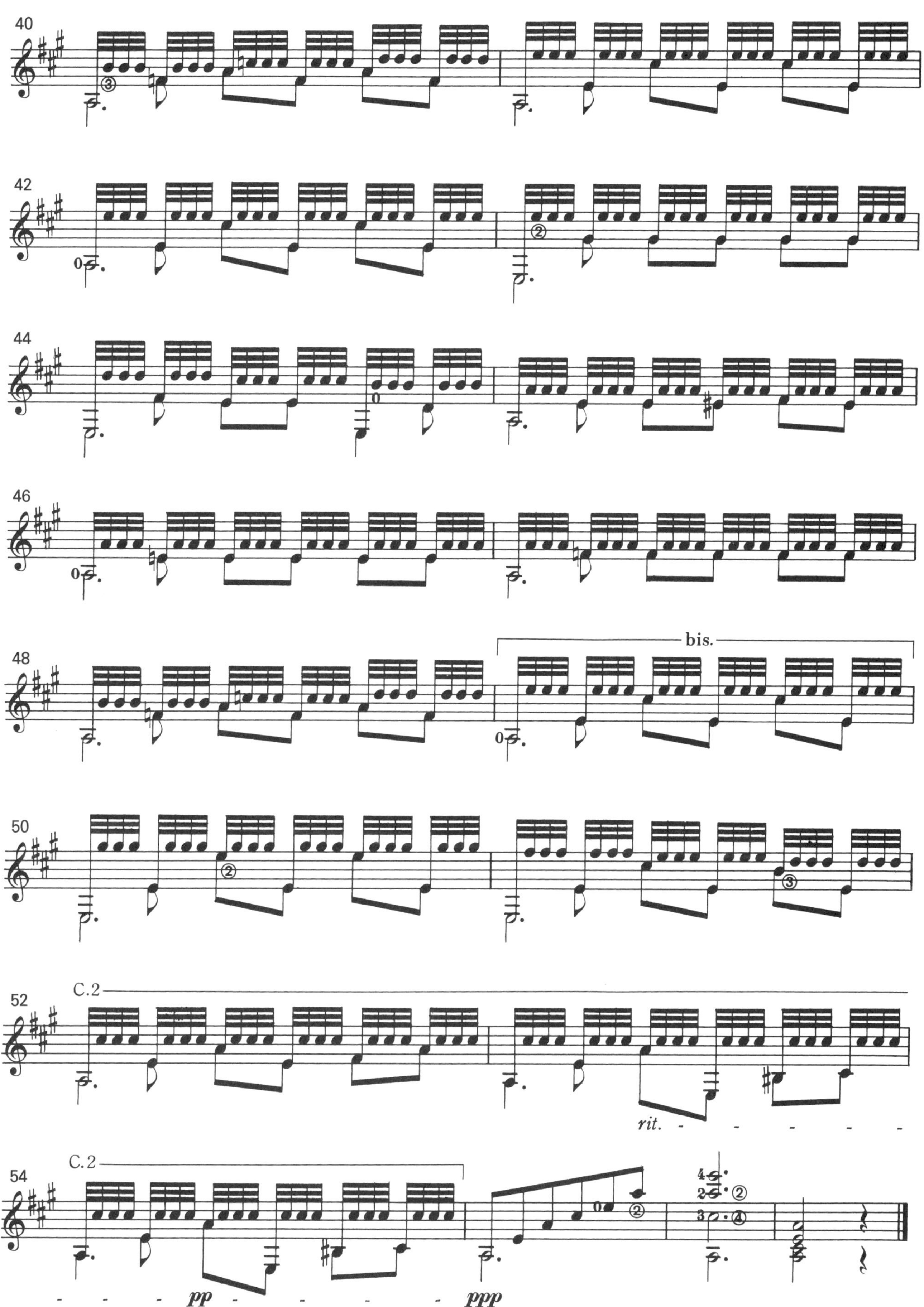

40
42
44
46
48
bis.
50
C.2
52
rit. - - - - -
C.2
54
pp - - - - - ppp

트레몰로 주법의 공략법 해설: 후지이 케이고

트레몰로가 잘 되지 않는 경우의 주요한 문제점은 다음의 3가지다.

문제1: 소리가 크게 나지 않는다.
문제2: 속도가 느리다.
문제3: 트레몰로 음량이 고르지 않다.

■트레몰로의 음량을 높인다

문제1의 '소리를 크게' 내는 방법에 대해서 생각해보자. 아포얀도로는 크게 낼 수 있지만 알아이레는 소리가 작은 경우가 많을 것이다. 트레몰로는 일반적으로 알아이레로 연주하므로 알아이레로 큰 소리를 내는 방법을 생각해야 한다.

기타의 소리를 낼 때, 줄이 어느 곳에서 진동을 시작하는지에 대해서 생각해보자. 진동이 시작되는 위치는 크게 3곳이다. 그림A~C의 ○는 정지한 줄의 위치, ●는 진동 시작 전으로 줄을 이동시킨 위치, 즉 줄이 진동을 시작하는 위치다. 당연히 마지막에는 ○의 위치에서 줄의 운동이 멈춘다.

그림A는 위에서 진동을 시작하는 경우다. 튕겨 올리는 연주법이다. 너무 강하게 연주하면 줄이 지판에 충돌해 노이즈가 발생하는 경우가 있다. 약하게 연주하면 금속적이고 투명한 소리가 나지만 타격의 느낌은 남는다.

그림B는 옆에서 진동을 시작한 경우다. 아포얀도로 줄을 옆에서 당기면 이런 터치가 된다. 음량은 어느 정도 크지만 음은 딱딱해진다.

그림C는 줄이 아래에서 진동을 시작한 경우로 기타 상판이 크게 흔들려서 큰 소리가 난다. 음질도 A, B에 비해 굵고 강하다. 깊은 터치다. 아포얀도의 소리가 더욱 큰 이유는 B, C와 같은 진동이기 때문이다. 그에 비해 알아이레의 소리가 빈약한 것은 A처럼 움직이기 때문이다.

기타 상판의 진동을 실험해보면 **그림C**에서 상판이 가장 크게 진동한다는 것을 알 수 있다. 위와 같은 사실에 따라 알아이레를 크고 굵게 연주하기 위해서는 **그림C**처럼 아래에서 진동시키면 된다. 이것을 쉽게 하기 위해서는 다음의 3가지 주의점이 있다.

너클의 위치

연주하는 줄과 손가락의 밑동(너클)이 기타 상판에 대해서 90도가 되도록 한다**(그림1)**. 손가락은 가능한 밑동부터 움직인다. 밑동이 연주하는 줄보다 저음현 쪽에 있는 경우, 연주를 마친 손가락 끝이 이웃한 줄에 접촉할 가능성이 높다. 따라서 알아이레를 하려고 하면 튕겨 올려서 **그림A**의 형태가 될 수 있다.

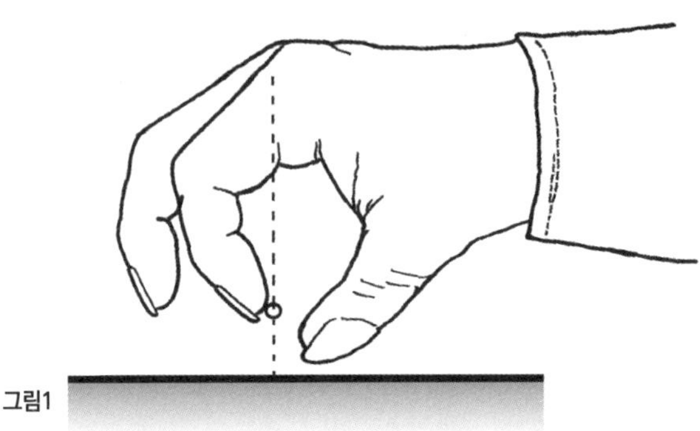

그림1

손의 각도

그림2a처럼 손가락을 6개의 줄과 비스듬하게 배치한다. 연습할 때에는 45도 정도까지도 좋다. 이렇게 하면 줄과 줄 사이에 더욱 긴 공간이 생기므로 손가락을 크게 움직여도 이웃한 줄에 잘 닿지 않는다.

그림2a

주의할 점은 이 각도로 연주하면 좋게 말해서 '부드러운 음, 굵은 음'이지만, 나쁘게 말하면 '탁한 음'이 된다는 것이다. 낡은 고음현은 노이즈를 발생시키는 경우도 있다.

잘 되지 않는다면 연습단계에서 **그림2b**처럼 새끼손가락을 상판에 붙이는 것도 좋은 방법이다. 이렇게 하면 엄지손가락(*p*)의 슬러가 간단해지고 *i-m-a*로 굵고 큰 소리를 내기도 쉬워진다. 손목은 위아래, 좌우 모두 너무 심하게 구부리지 않도록 하자.

손가락의 접점

그림3a처럼 손톱이 줄의 한 곳에만 닿도록 한다.

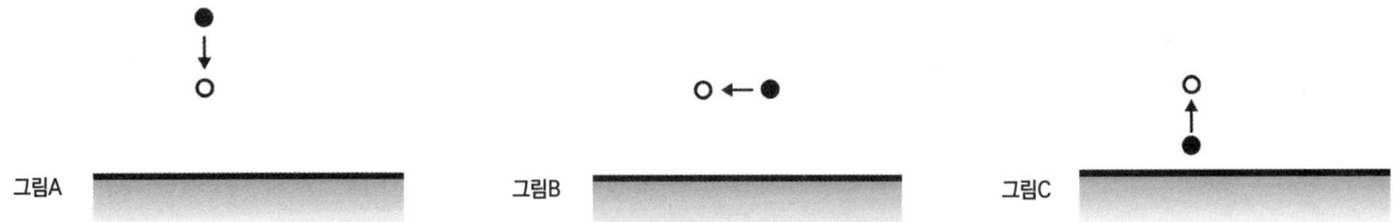

그림A   그림B   그림C

그림2b

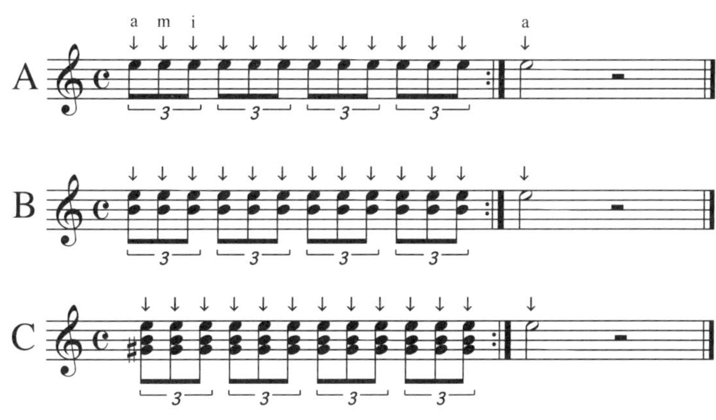

그림3b처럼 손톱이 줄의 2곳에 접촉해있으면 **그림C**의 상태에서도 손가락이 줄에서 떨어질 때 줄이 걸려서 당겨져, 결국 **그림A** 상태가 되어버린다. **그림2a**의 각도로 하면 손톱이 한 곳에만 접촉하기 쉬워진다.

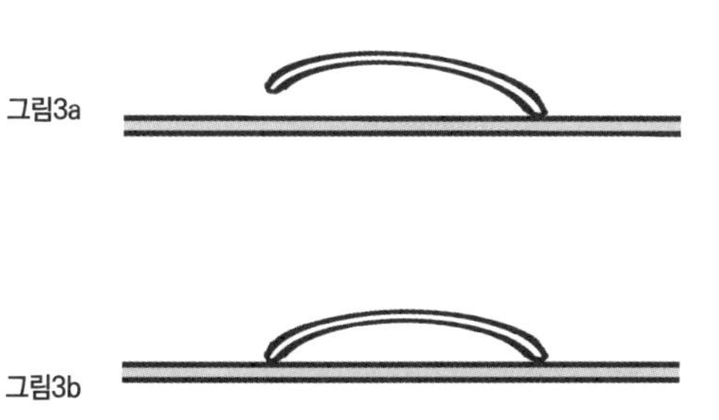

그림3a

그림3b

Loud Tremolo 1과 **Loud Tremolo 2**는 트레몰로 음을 크게 하는 연습이다. 반드시 손가락의 밑동 관절(**그림4a**)부터 움직이도록 하자. **그림4b**의 한가운데 관절을 중심으로 강하게 줄을 튕기는 연속동작을 하면 손목에 통증이 발생할 수 있다.

'2현 트레몰로'라 불리는 이 주법이 실제로 사용되는 경우가 있지만, 지금은 트레몰로의 음량을 크게 하기 위한 기초연습이다.

트레몰로를 할 때 이웃한 줄에 손가락이 부딪히는 것을 두려워해서 *i-m-a*의 움직임이 위축되는 경우가 있다. 그 결과 **그림4b**의 관절을 중심으로 움직이게 되어 **그림A**의 진동이 되어버린다. 이 연습은 소리가 좀 난폭해도 된다. 손가락을 과감하게 움직이는 **그림4a**의 관절부터 움직인다. 이것이 **그림C**와 같이 진동시키는 지름길이다.

연습을 할 때에는 다음의 2가지를 반드시 지키기 바란다.

1. 장시간 연습하지 않는다.
2. 소리가 지저분해져도 신경쓰지 않는다.

■트레몰로의 스피드를 빠르게 한다
문제2의 트레몰로를 빠르게 연주할 수 없는 경우에는 다양한 원인이 있다. 실제로 몇 페이지에 걸쳐서 이어

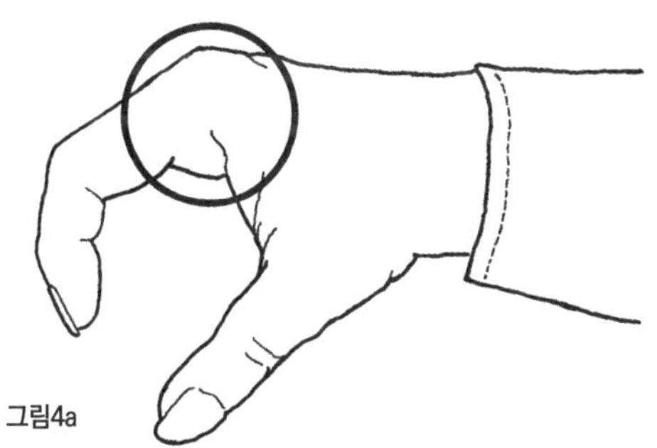

그림4a

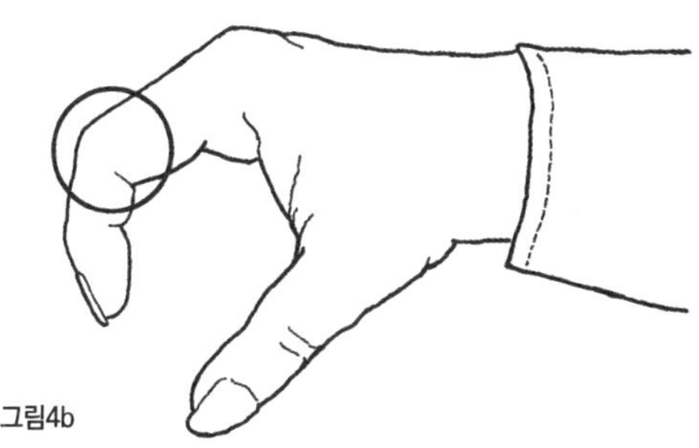

그림4b

지는 트레몰로 곡을 빠른 속도로 연주하기란 쉬운 일이 아니다.

지구력을 기르는 방법도 있다. 나는 최대한 쓸데없는 움직임을 줄인 이코노미한 운동으로 피로를 최소한으로 억제해야 한다고 생각한다. 도중에 휴식 또는 리프레시하는 요령을 몸에 익히는 것도 중요하다고 생각한다. 일단, 1박자(*p-a-m-i*)만이라면 빠르게 연주할 수 있을 것이다. 짧은 음형을 빠르게, 그리고 조금씩 연속해서(길게) 연주할 수 있도록 한다. 스피드를 높이는 요령은 '긴 트레몰로도 1박자부터'다.

연습1은 4박자로 되어있다. 박자에 얽매이지 않고 다음 트레몰로를 연주할 때까지의 남는 시간은 카운트하지 않아도 된다. 트레몰로는 최대한 빨리 연주하자. 트레몰로를 할 때, 팔과 손목이 움직이지 않도록 하자. 트레몰로를 잘 하기 위한 기본은 손가락만으로 연주하는 것이다.

Fast Tremolo No.1은 템포가 있다는 점이 **연습1**과 다르다. *p*는 항상 일정한 템포로 움직이도록 하자. 입으로 '1, 2, 3, 4'라고 말하며 카운트하면 더욱 효과적이다.

Fast Tremolo No.2는 트레몰로가 다양한 박자째에 나오는 패턴이다. A, B, C의 3가지 패턴으로도 연습해보자.

연습2는 연타로 스피드를 올린 후, 트레몰로에 들어가는 연습이다. 뉴트럴에서 엔진을 예열한 다음 기어를 넣는 것과 비슷하다.

■트레몰로의 음량을 고르게 한다

다음은 트레몰로의 음량을 고르게 하기 위한 것으로 다음의 3가지가 중요하다.

1. 음량

2. 음질(음색)

3. 리듬

악보 예1a처럼 되어야 할 트레몰로가 **악보 예1b**처럼 되었다면 리듬이 좋지 않다는 것이다. **악보 예1c**처럼 불필요한 악센트가 들어가거나 음의 강약이 균일하지 않은 경우에도 리듬이 좋지 않게 느껴진다. 물론 음색이 균일하지 않아도 음량이 균일하지 않은 것처럼 느껴지는 경우가 많으며, 이것은 좋지 않은 리듬의 원인이 되기도 한다.

*i*손가락이 좋은 음을 내기 위한 조건을 원으로 표시해보겠다. **그림5a**의 오버랩 된 부분이 *i-m-a* 3손가락으로 같은 음량과 음색을 내기 위한 조건이다. 이 조건은 손가락의 각도와 줄의 진동이 시작되는 위치 등이다. 3개의 손가락을 최대한 비슷한 조건에서 움직일 수 있으면 **그림5b**처럼 오버랩되는 부분이 많아진다. 각각의 손가락으로 어떤 상황에서든 좋은 음을 낼 수 있으면 원은 더욱 커질 것이다. 따라서 **그림5c**처럼 오버랩되는 부분이 더욱 커진다.

악보 예1

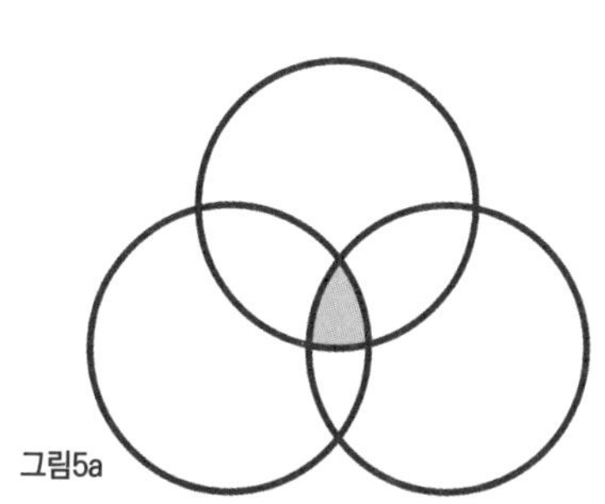

그림5a

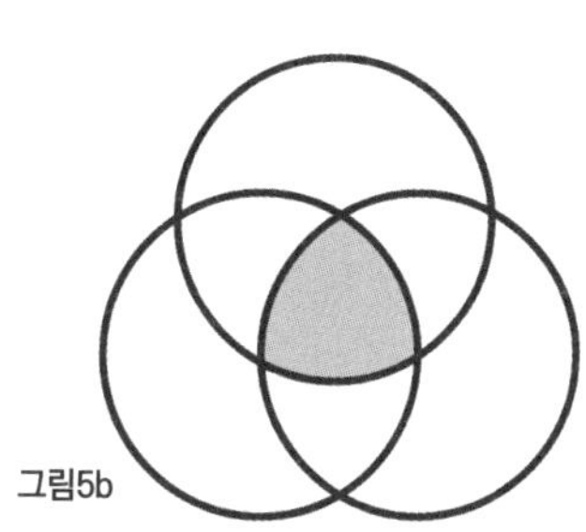

그림5b

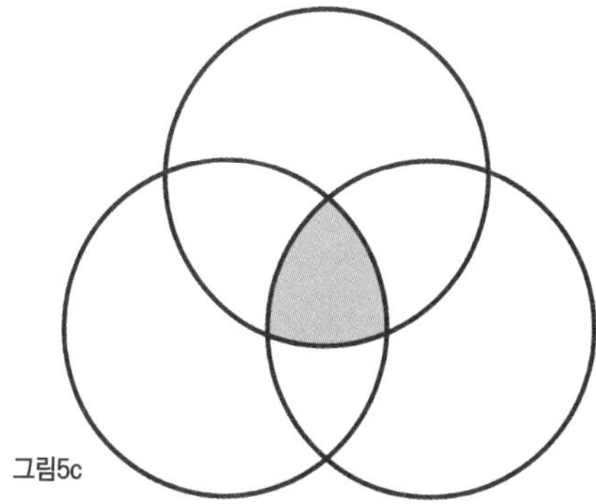

그림5c

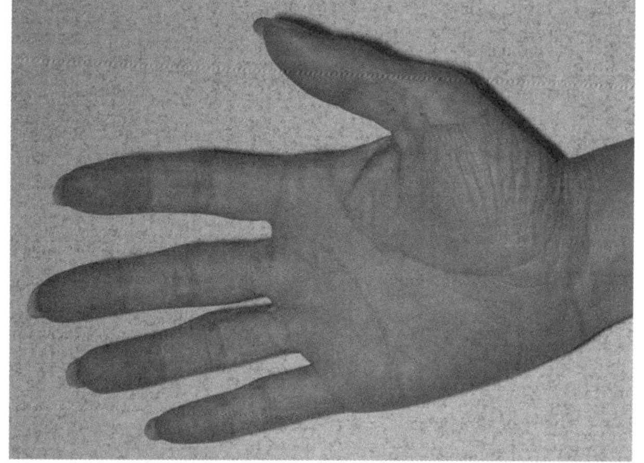

그림6a

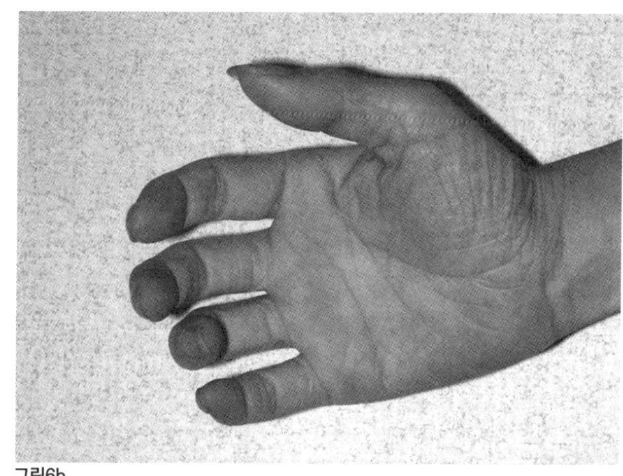

그림6b

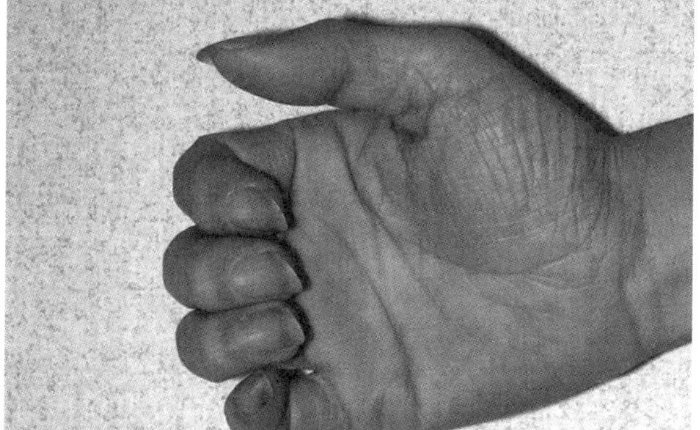

그림6c

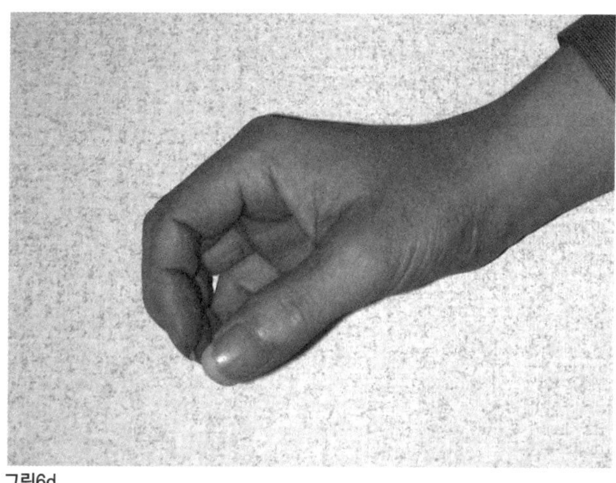

그림6d

3개의 손가락으로 소리를 균일하게 내는 연습을 하기 전에 먼저 2개의 손가락으로 소리를 균일하게 내는 연습을 하자. 연습 전에 우선 오른손 손가락의 앵글(손가락의 구부러진 각도)에 대해서 생각해보자.

그림6a처럼 오른손을 펼친 후에 서서히 쥔다. **그림6c**와 같이 손가락의 끝이 일직선이 된 모양이 트레몰로를 위한 손이다. 옆에서 보면 **그림6d**처럼 된다. 하지만 상당히 많은 사람들이 **그림6b**의 상태로 트레몰로를 한다. 이 모양으로는 많은 문제가 발생된다. 그 중에서 가장 큰 문제는 손가락이 직선을 이루고 있지 않아서 연주할 때 쓸데없는 움직임이 생기는 것이다. 이것으로 인해 음질과 음량에 차이가 생기며, 나아가 리듬이 흐트러지게 된다. 사람에 따라서는 i손가락만 뻗거나, a만 올리는 등 손가락을 구부린 상태에 문제가 생길 수도 있다.

그림7을 보기 바란다. 이것은 손과 손가락의 힘을 뺀 상태이며, 3가지 그림 각각 손가락이 구부러진 상태가 크게 다르다. 기타를 연주할 때 **그림7a**의 형태는 있을 수 없다. **그림7b**로 연주하면 손가락이 멋대로 뻗는다는 것을 알 수 있다. 즉 힘을 뺀 상태에서는 손가락 끝이 일직선을 이루지 않는다. 기타를 연주하는 경우

는 **그림7b**와 **그림7c**의 손목 형태가 될 것이다. **그림7c**는 손끝이 직선을 이루고 있다는 것을 알 수 있다. 따라서 **그림7c**와 같이 손목이 거의 똑바르게 된 상태가 바람직하다는 것을 알 수 있다.

연습곡 제1번

i와 m의 두 손가락만으로 트레몰로를 한다. 다음의 3가지 방법으로 연습한다.

1. a손가락을 1번 줄에 두고 연주한다.
2. a손가락을 1번 줄에 두지 않고 연주한다.
3. a손가락을 1소절마다 1번 줄에 두거나 떼어서 연주한다.

1번의 a손가락을 1번 줄에 두고 연주하는 연습은 매우 중요하다. 그 이유는 트레몰로의 음량이 고르지 못한 원인 중 하나인 손목이 움직이는 경우가 있기 때문이다. a를 1번 줄에 두면 손목의 쓸데없는 움직임을 많이 줄일 수 있다. a를 1번 줄에 접촉하고 있으면 손목에 쓸데없는 움직임이 있다는 것을 쉽게 깨달을 수 있다.

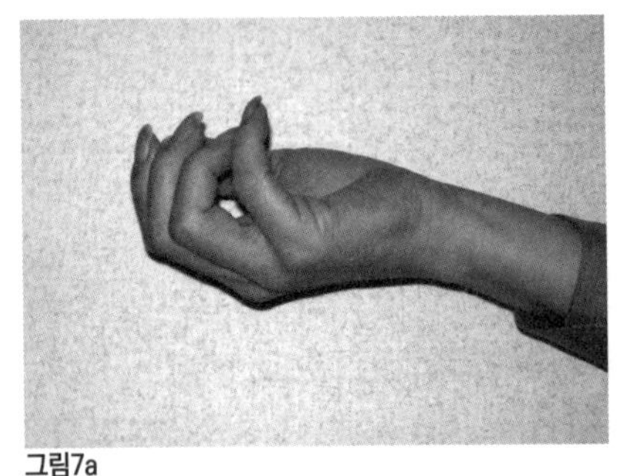

그림7a

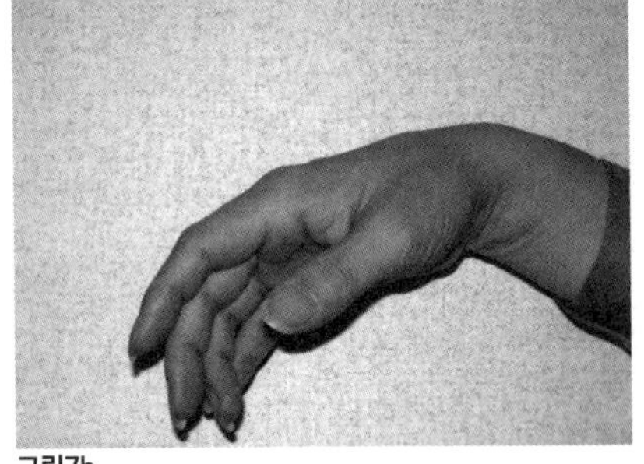

그림7b

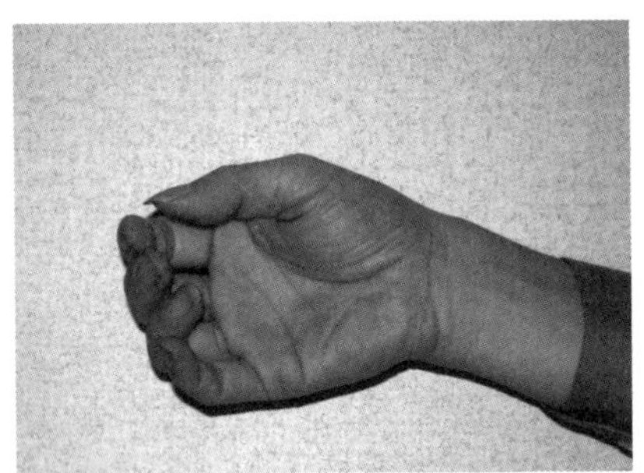

그림7c

연습곡 제1번

연습곡 제2번

*m-a*의 트레몰로 연습이다. 연습방법은 '연습곡 제1번'과 같다.
다만 이 경우에는 *i*손가락을 2번 줄에 둔다.

연습곡 제3번 / 연습곡 제4번

지금까지의 연습곡을 변형한 것이다.

연습곡 제5번

아르페지오에서 트레몰로로 변환되는 연습이다. 알고 보면 아르페지오와 트레몰로는 닮은 점이 매우 많다. 아르페지오와 트레몰로를 같은 손 모양으로 연주할 수 있도록 하자.

연습곡 제6번

트레몰로를 시작하는 손가락을 바꾸는 연습이다. 좋지 않은 트레몰로의 리듬을(불필요한 악센트가 있을 때) 교정할 때 효과적이다.

연습곡 제7번

'엄지손가락 슬러'가 들어간 연습이다. *p*가 줄을 아래에서 튕겨 올리는 터치를 하면 음이 빈약해지고 손가락이 걸린 느낌이 되어 리듬이 흐트러지는 경우가 있다.

'엄지손가락 슬러'가 들어간 이 연습은 매우 중요하다. 트레몰로 곡을 연주할 경우, 멜로디가 확실해야 하는 것은 물론이고, *p*의 음색 컨트롤은 곡 전체의 색채감을 얼마나 변화시킬 것인가를 좌우한다.

마지막으로 트레몰로의 개선방법 한 가지를 소개한다. 브릿지와 사운드 홀의 사이에 천을 넣어두고 연주하는 방법이다. 사실

은, *a*의 음이 제대로 나지 않는 경우에도 본인은 그것을 자각하지 못하는 경우가 있다. '음의 세기=어택의 세기'는 아니지만 어택의 세기를 좀 더 고르게 하면 '음의 입자'가 훨씬 좋아지는 경우가 있다. 브릿지와 사운드 홀의 사이에 천을 넣어두면 '약음기'를 장착한 상태가 되어 '퍽, 퍽, 퍽'하는 소리가 난다. 이 방법으로 간단히 어택의 세기를 확인할 수 있다.

지금까지 트레몰로의 다양한 연습방법에 대해서 소개했다. 여기서 설명한 모든 것을 연습할 필요는 없다. 자신에게 가장 필요하다고 생각되는 것을 선택해서 연습해보자.

연습곡 제4번

연습곡 제5번

연습곡 제6번

a m i
p
a m i
p
m i a
p
i a m
p

연습곡 제7번

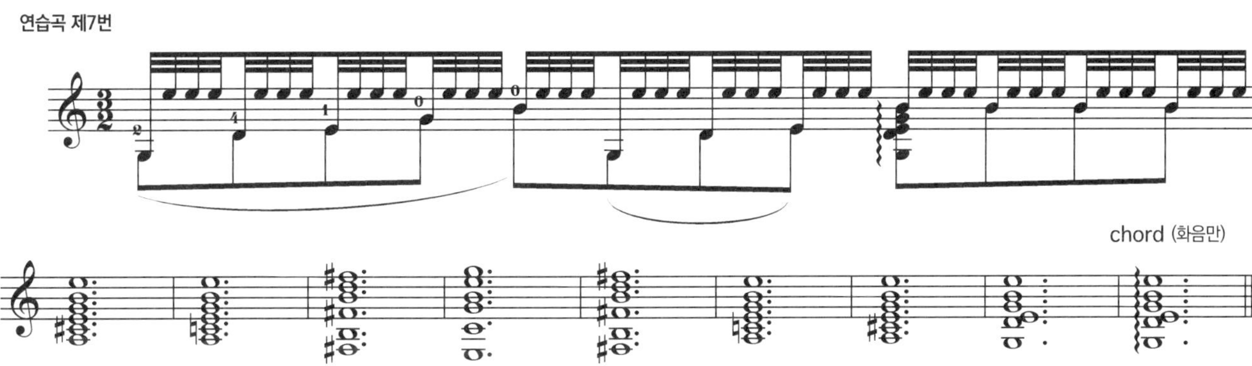
2 4 1 0 0
chord (화음만)

타레가의 시대

토미카와 마사토모 Masatomo Tomikawa

●시작하며~프란시스코 타레가가 살았던 시대

프란시스코 타레가. 이 이름은 클래식 기타의 역사에 영원히 남아있을 것이다. 주법의 개혁, 그가 만든 명곡들, 명편곡…. 타레가가 없었다면 현재의 기타 세계는 완전히 달라져있을 것이다. '알함브라 궁전의 추억'과 '아라비아 기상곡'은 지금도 클래식 기타의 대표적인 레퍼토리로 아마추어부터 프로까지 프로그램의 중심을 차지하고 있다.

타레가가 태어난 것은 1852년. 본격적으로 기타 연주활동을 시작한 때는 1870년 중반이 지나서다. 연주활동을 하면서 제자를 양성하고 작곡과 편곡을 했으며, 1909년에 타계했다.

페르난도 소르, 디오니시오 아구아도, 마우로 줄리아니…. 18세기 후반부터 19세기 초에 걸쳐 '클래식 기타의 고전기(古典期)'를 구축한 이 3명의 거장은 타레가가 태어났을 때에는 모두 타계한 상태였다.

그리고 그 후의 기타계는 일반적으로 '쇠퇴기'라고 불린다. 하지만 메르츠(1806년 생), 코스트(1805년 생), 레곤디(1822년 생)로 대표되는 '로망파'의 기타리스트들도 있었다.

이들보다 늦게 태어난 타레가는 말하자면 늦게 등장한 로망파라 할 수 있는 존재다. 그리고 타레가는 그 후 미구엘 료베트(1878년 생), 안드레스 세고비아(1893년 생) 등 음악사로 보면 '근현대'를 대표하는 연주가로서의 가교 역할을 했다고 할 수 있다. 20세기 초에 시작된 새로운 예술문화의 조류를 느끼면서도 앞 시대인 '로망파'의 철학을 버리지 않는 자세를 관철한 점에 있어서 스페인의 근대음악을 대표하는 이삭 알베니스, 그리고 엔리크 그라나도스의 존재와 매우 비슷하다(20세기 음악으로의 진정한 전개는 그 후배인 마누엘 데 파야로 이어졌다고 할 수 있다).

즉 타레가는 로망파 철학을 가지고 있으면서 다음 시대로의 가능성을 제시하고 그 기초를 쌓은 음악가였다.

●'타레가'를 알기 위해

이야기를 진행하기 전에 타레가에 관한 자료에 대해서 살펴보겠다. 타레가가 어떤 시대에 살았고 어떠한 가능성을 후세에 남겼는가? 이것을 알기 위해서는 먼저 타레가에 관한 어떤 자료가 남아있는지를 알아야 한다.

주법에 대해서는 타레가 본인은 단 한 권의 교본도 남기지 않았다. 생전에 교본을 남기고자 했던 의사는 있었지만, 그 도중에 병에 걸려 결국 뜻을 이루지 못했다(제자들에게 남긴 음계와 다양한 기초연습을 기록한 악보의 단편은 남아있다). 하지만 타레가의 주법이론과 연주철학은 제자들에 의한 구전의 형태로 전승되었다.

타레가 주법의 후계자로는 우선 에밀리오 푸홀이 있다. 푸홀은 1902년에 타레가와 만났으며, 타레가의 만년까지 애제자였다.

그리고 그 교수법을 바탕으로 '스승의 정확한 가르침'을 후세에 남기기 위해 총 4권에 걸쳐 〈합리적인 기타 교본〉을 썼다. 그리고 또 한 가지의 타레가에 관한 위업을 이루었다. 그것이 스승의 전기다. 저서 〈타레가의 생애〉는 생전에 스승에게서 들었던 이야기, 그리고 타계 후에 친척, 고인과 친했던 사람들에게서 얻은 정보, 책과 신문 등의 데이터를 정리한 많은 노력이 담긴 작품이다.

이밖에도 타레가의 대표적인 제자로는 다이넬 포르테아, 미구엘 료베트, 파스칼 록, 호세피나 로브레도 등이 있다.

포르테아는 타레가의 작품을 출판해서 스승의 음악을 후세에 전하는 것을 사명으로 삼았다. 료베트는 자신이 명연주가로 활약하여 존경하는 스승의 가르침을 전하는 것에 성공했다. 또한 작곡과 편곡 분야에서는 타레가의 가르침을 계승하면서도 20세기의 음악조류에 맞춰 발전시켰다. 파스칼 록은 타레가 주법에 기초한 교본을 써서 타레가 작품 해석의 큰 힌트를 우리에게 전해주었다. 호세피나 로브레도는 만년의 스승의 가르침인 '손가락 끝 주법'(오른손 손톱을 사용하지 않고 연주하는 주법)을 전하기 위해 교수활동을 한 스승의 충실한 애제자였다.

그리고 잊어서는 안 될 것이 타레가의 주변에 모인, 그의 예술을 마음으로부터 사랑하고 금전적인 노력으로 원조를 아끼지 않은 패트런과 친구들, 그리고 친척의 존재다. 타레가의 생애를 살펴보기 위해서는 패트런, 친구, 친척과 주고받은 편지와 증언을 참조해야 하며, 그 대부분이 1960년대에 출판된 푸홀의 타레가 전기의 정보에 의존한다.

2002년에 스페인에서 아드리안 리우스가 쓴 한 권의 공식 전기가 출판되었는데 이것도 푸홀의 전기를 바탕으로 하고 있다는 것을 알 수 있다. 물론 리우스의 저작은 더욱 세밀한 데이터가 뒷받침을 하고 있다는 점, 자료의 출처가 명확하다는 점에서 연구자료로는 중요한 가치가 있다. 하지만 타레가의 실상을 보는 점에서는 푸홀의 전기에 비해 완성도가 떨어진다.

이번 타레가의 생애는 푸홀의 전기를 기본으로 했으며, 새로운 정보는 리우스의 공식전기에서 추가해서 정리를 했다. 두 가지 모두 편지를 인용하거나 정보제공자의 말을 그대로 실은 충실한 내용이다. 세밀한 정보와 구체적인 증거는 두 저작물을 모두 갖춰야만 보완된다고 생각한다. 이번에는 내 시점에서 본 스페인의 역사, 기타의 역사와 문화조류 등의 지식을 보완하면서 '타레가의 시대'를 살펴보겠다.

●발렌시아인으로서의 타레가

타레가의 성격을 이해할 때, 그가 발렌시아인이라는 것을 잊어서는 안 된다. 발렌시아는 스페인 동부에 위치해서 '레반테(동쪽의)' 지방이라고도 한다. 레반테 지방은 지중해 기질이 넘치며 독특한 문화권을 형성하고 있다. 타레가가 태어난 발렌시아 지방은 음악은 물론이고 예술에 대한 이해가 깊은 곳이다. 뛰어난 화가, 음악가, 건축가가 많이 배출되었으며 음악을 전문으로 하지 않는 일반인이라도 예술은 늘 가까이에서 접하고있다. 발렌시아인에게 음악과 춤은 축제와 이벤트에 필수적인 것이며, 이 부분에 대해서 푸홀은 '발렌시아 사람들은 어떤 시대든 예술적인 사람들이다'라고 전기에서 표현했다.

잘 알려진 사람으로는 비우엘라 음악에 뛰어난 작품을 남긴 루이스 밀란, 스페인의 풍속을 훌륭하게 묘사한 소설가 블라스코 이바녜스(영화로도 만들어진 투우를 테마로 한 〈혈(血)과 사(砂)〉로 유명하다), '아랑후에스 협주곡'으로 유명한 호아킨 로드리고. 그리고 클래식 기타리스트에게 수많은 기타 명곡을 남긴 작곡가 비센테 아센시오도 발렌시아 출신이다. 발렌시아는 인접한 카탈루냐 지방을 포함해 같은 '지중해 문화권'으로 보기도 한다. 그런 관점에서 보면 음악가로서는 알베니스, 그라나도스, 몸포우, 건축 분야에서는 가우디도 같은 토양에서 태어난 재능이라고 할 수 있다.

즉, 프란시스코 타레가는 지중해 문화권이 낳은 위대한 천재 중 한 명이다. 타레가는 젊었을 때 스페인의 수도 마드리드에서 학창시절을 보냈지만, 인생의 대부분은 스페인의 동남부인 레반테 지방 또는 카탈루냐 지방의 바르셀로나에서 보냈다. 만년에는 특히 이 지역에 대한 애착이 강해져서 거의 외국으로 나가지 않았을 정도다.

타레가는 1852년 11월 21일에 발렌시아 지방의 카스테욘에서 태어났다. 아버지는 성 파스칼 수도원의 감시원으로 일했으며 유복한 환경은 아니었다. 프란시스코 타레가는 장남으로 태어났다. 2년 뒤에는 둘째 호안 라몬이 태어났으며, 1858년에는 여동생 콘차, 1859년부터 1866년에 걸쳐서는 여동생 안토니오로사, 센테타(비센타)가 태어났다. 그리고 1867년에 타레가 집안의 셋째 아들인 비센테가 태어났다. 비센테는 프란시스코 타레가와 가장 친했던 형제이며, 오랫동안 프로 바이올리니스트로 활동했다. 형이 바르셀로나로 연주 여행을 가서 자리를 비웠을 때에는 기타 레슨의 대리교수를 할 수 있었을 정도로 기타에 대한 이해도 깊었다.

'프란시스코 데 아시스 타레가 이 에익세아'가 타레가의 본명이며, 어렸을 때에는 애칭인 '키켓'이라 불렸다. 유복한 집안은 아니었으며, 타레가 집안의 가장은 돈을 벌기 위해 지방으로 가는 일도 있었다. 아버지는 작물을 판매했는데 여행 중에 급작스럽게 병에 걸려 어머니는 간병을 위해 집을 비워야만 했다. 3살이 된 키켓은 가까운 이웃에 맡겨졌다. 키켓은 야뇨증이 있었다. 키켓을 맡은 여성은 밤에 오줌을 싼 키켓에게 화가 나서 어린 키켓을 수로에 버렸다.

익사할 뻔 했던 키켓은 간발의 차이로 지나가던 이웃에게 발견되었다. 목숨은 건졌지만 물에 있는 잡균에 감염되어 각막이 손상되었다. 이 때문에 타레가는 평생 온전한 시력을 회복하지 못한 채 살게 된다(안구에 눈썹이 거꾸로 들어가는 증상 때문에 평생 고생을 했다).

어찌 보면 이 사건으로 인해서 타레가는 음악에 깊이 빠지게 되었으며, 그의 아버지도 아들의 시력을 걱정해 음악가의 길을 걷게 했을지도 모른다. 어쨌든 약한 시력 때문이었는지 어렸을 때부터 키켓은 음에 관한 예민한 감각을 가지고 있었다.

처음에는 아버지가 연주하던 기타로 시작했다. 발렌시아 지방에서는 일반적으로 집에 기타를 가지고 있었다. 기타는 춤이나 노래의 반주로 연주되었다. 키켓의 기타 실력은 순식간에 아버지를 능가하는 수준으로 높아졌지만 그에 대한 반비례로 학업에 대한 의욕은 감퇴되었다. 아버지는 카페 데 라벨라에서 피아니스트로 활약하고 있는 맹인 루이스(에우제니오 루이스)에게 음악지도를 맡겼다. 그는 타레가의 첫 솔페지오와 피아노의 선생님이었다. 이것이 1860년 무렵이었다. 타레가는 순식간에 루이스의 지식을 흡수해버렸다. 키켓의 흥미는 기타에 있었다. 그 마음을 알아챈 아버지는 세고 데 라 마리나(맹인 마리나)로 알려진 마누엘 곤잘레스에 기타 수업을 받게 했다. 이 사람은 당시 카스테욘에서 가장 뛰어난 기타리스트였으며, 타레가는 이 사람의 모든 것을 빠르게 배워나갔다.

●아르카스와의 만남~바르셀로나로

소년 키켓의 다음 스승은 훌리안 아르카스였다. 이 아르메리아 출신의 저명한 기타리스트는 1862년 봄, 연주회를 위해 타레가가 사는 카스테욘을 방문했다. 10세도 되지 않은 타레가는 그의 연주에 푹 빠져버렸다. 그리고 아버지도 자신의 아들을 맡길 사람은 이 음악가뿐이라고 생각했다. 그리고 아르카스에게 아들의 연주를 들려주고 싶다는 부탁을 했다. 그의 재능을 인정한 아르카스는 당시 그가 살고 있던 바르셀로나로 오라는 제안을 했다. 그 제안을 받아들여 타레가는 바르셀로나로 유학을 가게 되었다.

아버지는 바르셀로나에서 식료품점을 운영하고 있는 고향사람에게 부탁해서 매우 저렴한 하숙비로 키켓이 지낼 수 있게 해주겠다는 약속을 받았다. 하지만 11살도 되지 않은 키켓은 이 식료품점 주인과 잘 맞지 않아서 가출을 해버린다. 그리고 타레가는 또래의 불량소년들과 어울리게 된다. 생활비는 기타 연주로 벌 수 있었다. 카페나 레스토랑에서 연주를 해서 팁을 받았다. 그리고 그 벌이를 불량소년들과 나눠 쓰면서 자유롭게 살았다. 때로는 구걸도 했다. 이것은 16세기 스페인 문학의 한 분야인 악한 소설의 주인공 같은 삶이었다(악한 소설에 대해서 흥미가 있다면 〈라사리요 데 토르메스의 삶〉을 참고하기 바란다).

이 시대의 바르셀로나는 근대화의 한가운데에 있었다. 1850년대에 인구 19만 명. 그리고 1860년부터 시행된 도시계획에 의해 계속 늘어나는 인구에 대응할 수 있었다. 나중에 설명하겠지만 바르셀로나는 스페인에서 유일하게 산업혁명에 성공한 곳이었으며, 일자리를 찾아온 노동자들이 스페인 각지에서 모여드는 장소이기도 했다. 하지만 동시에 일감이 넘치는 사람들도 많았다. 도시에서는 종종 불만에 찬 노동자들이 폭동을 일으켰다. 1860년대에 바쿠닌이 '무정부주의'를 제창했으며 바르셀로나에 그 철학을 신봉하는 아나키스트들이 넘쳐났던 때는 19세기 말이었다. 이러한 폭발 직전 상태의 대도시에 소년 타레가가 있었던 것이다. 상공업으로 돈을 번 부자들이 고급 레스토랑에 넘치고, 거리에는 불량배들이 어슬렁거렸다. 그런 상황에서 호기심 왕성한 소년 키켓은 침착하게 기타 공부를 할 수는 없었던 것이다. 돈을 가진 부르주아가 모이는 장소에서 기타를 연주해서 팁을 받고, 그것을 가난한 불량소년들에게 나눠주는 생활을 했던 것이다.

아들을 맡아주고 있던 식료품점 주인에게서 아들의 실종에 대해서 들은 아버지는 있는 돈, 없는 돈을 다 끌어 모아서 바르셀로나로 갔다. 1주일이 걸려서야 아버지는 카페 '팔콘'에서 연주하고 있는 아들을 발견했다. 객석에서는 '브라보!'라는 환성이 들렸다. 하지만 이 상태로 아들을 바르셀로나에 둘 수는 없었다. 아들은 아르카스가 연주활동에 바빠서 레슨은 몇 번 못 받았다고 이야기를 했다. 아르카스는 누구를 잘 가르치는 타입은 아니었던 것이다.

아버지는 카스테욘에 돌아갈 여비가 없었다. 돌아오는 길은 도중에 열차에서 내려 결국 아들의 기타연주로 여비를 벌어야만 했다. 카스테욘으로 돌아온 타레가는 재교육을 받았다. 아버지는 아들이 역시 피아니스트의 길을 걷게 해야겠다고 생각했다. 거지처럼 카페에서 기타를 연주하며 돈을 버는 생활보다 피아니스트라면 콘서트홀에서 연주하는 안정된 미래가 가능할 것이다. 아들의 장래를 생각하면 역시 아버지로서는 피아노의 길을 걷게 하는 것이 부모로서의 사명이라고 생각했던 것이다.

●피아니스트의 길~버릴 수 없었던 기타에 대한 열정

타레가가 소년에서 청년이 되는 시기는 음악사로 보면 로망파 후기라고 할 수 있다. 유럽 각지에서의 음악원 설립이 진행된 것도 이 시기의 특징이며, 각지에 피아노를 배울 곳이 많이 생겨났다.
리스트와 쇼팽 등 거장들이 음악계를 석권한 시대가 지나고 중류계급이 떠오르는 시대였다. 부르주아가 아니어도 음악원에 들어가 피아노와 음악을 배울 기회를 얻을 수 있었다. 왕후 귀족 등의 일부 특권계급에게만 주어졌던 음악 레슨을 누구나 받을 수 있게 된 것이다. 그리고 기회만 있으면 피아니스트로 일확천금을 노릴 수 있는 분위기도 있었다.

스페인 국내에서도 음악교육의 인프라가 갖춰지고 있었다. 마드리드에 왕립음악원이 설립된 것이 1830년, 바르셀로나의 리세우음악원이 1838년에 설립되었다. 그리고 19세기 중반 이후, 각지에서 교향곡을 연주하는 단체와 합창단, 연주회를 기획하는 예술가협회 등이 설립되어 범유럽적인 클래식 음악이 존재할 수 있는 토양이 갖춰지고 있었다.

타레가는 이러한 시대에 청년기를 보내고 있었다. 타레가는 대도시 바르셀로나에서의 불량생활의 즐거움을 잊을 수 없었는지 종종 가출을 했다. 하지만 기타에 대한 열정을 버린 적은 없었다. 그리고 정기적으로 피아노 레슨을 받게 되었다. 진지하게 음악예술을 공부하게 된 것이다.

1855년, 13살 때에도 가출을 했다. 일단 카스테욘으로 돌아왔지만 다시 발렌시아로 가출한 것이다. 카페에서 기타를 연주하고 호사가를 위한 연주회를 열어 생활을 했다. 이때 타레가의 음악적 재능을 알아본 파르센트 백작 아들의 제안을 받아 그의 비호를 받게 되었다. 백작도 타레가의 기타의 재능, 음악적인 재능에 매혹되었다. 그리고 이 기타리스트가 피아노를 공부하는 것에 대한 원조도 아끼지 않았다. 결국 타레가는 거리의 불량배들과 인연을 끊지 못해 다시 거리로 돌아갔지만 그의 마음속 깊은 곳에는 제대로 된 음악교육을 받고 싶다는 열망이 있었을 것이다. 그리고 동시에 기타 음악을 예술로 만들고 싶다는 마음도 싹트기 시작했다.

1869년에 타레가는 카스테욘으로 돌아왔다. 아버지가 갑작스러운 병으로 쓰러진 일과 함께 가족의 경제적인 위기를 극복하기 위해서였다. 이를 위해 타레가는 기타리스트로서, 그리고 피아니스트로서의 일을 시작했다. 기타리스트로서 연주회로 돈을 벌고 카지노와 카페에서 피아노를 연주했다. 오후에는 기타와 피아노 레슨을 해서 수업료를 받았다. 밤에는 졸음과 싸우며 연습을 했다. 소르의 에튀드, 아구아도의 론도, 아르카스의 곡이 레파토리였다.

피아니스트와 기타리스트를 겸하는 생활이었다. 타고난 음악적 재능과 함께 밤낮 계속되는 음악적 단련으로 인해 타레가를 지원하는 사람은 늘어났다. 그 중에 브리아나의 유복한 상인이며 과수원을 경영하고 있던 안토니오 카네사 멘다야스가 타레가의 패트런이 되었다. 카네사는 비즈니스만 성공한 인물이 아니었다. 자신도 뛰어난 바이올린 연주자이며 아내도 도시에 널리 알려진 피아노 교사였다. 음악적 재능을 알아볼 수 있는 능력을 가진 인

물이었다. 이 인물이 타레가에게(넓게 보면 클래식 기타 역사를 이야기할 때) 끼친 영향은 엄청났다. 왜냐하면 타레가가 명기 토레스를 사용하게 된 계기가 카네사 덕분이었기 때문이다.

카네사는 어떤 모임에서 훌리안 아르카스의 악기에 대해서 들었다. 아르카스가 연주하는 풍성한 음악은 역시 명기 토레스의 힘이 크다는 것을 누군가가 이야기했던 것이다. 타레가도 그런 명기를 사용하게 하고 싶다고 생각한 카네사는 타레가와 함께 안달루시아에 있는 토레스의 공방을 방문했다.

●명기 토레스와의 만남

기타리스트에게 있어서 악기와의 만남은 그 후의 인생을 좌우한다. 그리고 음악의 깊이를 이해하기 위해서는 자신의 이해범위 안에 있는 악기만 사용해서는 안 된다. 타레가에게 있어서 토레스는 바로 '가능성을 이끌어내주는 악기'였다. 이 악기와의 만남으로 연주가로서의 길은 더욱 확실해졌으며, 음악적인 깊이도 깊어졌다. 그리고 무엇보다 명기 토레스가 있었기 때문에 수많은 명곡이 탄생될 수 있었으며, 기타의 주법에서도 다양한 가능성을 발견할 수 있었다.

토레스는 장인으로서 끊임없는 연구와 천부적인 직감으로 현재 우리가 사용하고 있는 클래식 기타의 원형을 만든 천재 제작가다. 현재 기타의 장인이라 불리는 제작가 모두가 이 토레스의 은혜를 받고 있다고 해도 과언이 아니다. 하우저, 로마니요스, 마누엘 라미레즈를 통한 토레스의 직계라고 할 수 있는 아르깡헬 등이 그 좋은 예다. 간접적이든 직접적이든 클래식 기타의 명기 중에 토레스의 영향을 받지 않은 악기는 없을 정도다.

다시 타레가의 이야기로 돌아가자. 원래 안달루시아로 출장을 갈 예정이었던 카네사의 아이디어로 세비아(Sevilla)에 있는 토레스 공방을 방문한 것은 1869년 가을이었다. 이때가 타레가와 장인 토레스의 첫 만남이었다. 초라한 촌동네 사람 차림의 카네사와 타레가를 공방으로 들인 토레스는 처음에는 아마추어용 저가의 악기를 시연하게 했다. 하지만 타레가의 기타 실력을 알게 되자 공방 안쪽에서 명기라 불리는 기타를 꺼내왔다. 이것이 타레가가 사용한 첫 번째 토레스다. 이 악기는 1864년에 만들어진 것으로 라벨에는 엔리케 가르시아가 1897년에 뒷판을 분해해 내부를 수리했다고 쓰여져 있다. 아마도 첫 번째 토레스는 타레가의 매일 계속되는 연습에 의해 프렛이 닳고 악기 자체에도 문제가 발생했을 것이다.

푸홀의 타레가 전기에 의하면 바르셀로나에 살고 있던 제작가 엔리케 가르시아에게 프렛 수리를 의뢰한 것은 1889년이라고 한다.

하지만 이 수리로 만족할만한 결과를 얻지 못해 악기 본래의 성능을 찾을 수는 없었다. 그래서 타레가는 1888년에 만들어진 토레스를 입수했다. 그리고 그 후로는 이 악기를 사용했다. 그

후 시간이 흘러 엔리케 가르시아의 요청에 의해 첫 번째 토레스
는 재수리를 받아, 원래 음색을 되찾게 되었다. 이것이 1907년
이며, 그 후 타레가는 다시 첫 번째 악기를 생애 마지막 날까지
연습과 공연에 사용했다고 푸홀은 기록하고 있다.

리우스가 쓴 공식 전기와 약간의 데이터 차이는 있지만, 타레
가는 2대의 토레스가 만든 악기를 가지고 있었다는 것, 그리고
엔리케 가르시아가 그 악기의 메인터넌스를 했다는 것도 알 수
있다. 타레가가 소유했던 악기는 그의 타계 후, 유족에 의해 매
각되었다. 이것에 대해서는 리우스의 전기에 상세히 기재되어있
으니 상세한 내용과 경위가 궁금하다면 읽어보기 바란다.

연주회를 통해 음악가로서의 경력을 구축하는 과정에 있었던
타레가는 명기 토레스라는 강력한 아군을 얻었다. 하지만 이 악
기를 얻은 다음 해인 1870년에 사랑하는 어머니가 돌아가셨다.
이것은 35세 때부터 대부분의 시력을 잃은 아버지가 그렇지 않
아도 힘든 집안을 혼자서 이끌어나가야 한다는 것을 의미한다.
이때 타레가의 삼남인 빈센테는 아직 3살이었다. 프란시스코 타
레가는 집안의 장남으로서 책임을 느끼지 않을 수 없었다. 그리
고 다음 해인 1871년, 병역의 의무를 지게 된다.

●병역~마드리드 왕립음악원 입학

타레가에게 있어서 병역은 약한 시력이 문제가 되었다. 따라서
1898년에 쿠바 전쟁에서 영웅이 되었던 오찬드 대령의 비서로
임명되었다. 병역 기간은 3년이었지만 비서였기 때문에 군사훈
련에 참가할 필요는 없었다. 비교적 자유로운 시간이 있어서 친
구들과 음악회에 가기도 했다. 이때 생애의 친구가 된 세베리노
가르시아 포르테아를 만나게 된다. 의학생도였던 이 인물은 타
레가와 마찬가지로 명장 아르카스의 기타 연주에 감명을 받았으
며 기타 연주 실력도 상당했다. 기타를 사랑하는 사람끼리 순식
간에 뜻이 통했던 것이다.

세베리노 가르시아 포르테아와 타레가는 평생 끈끈한 우정으
로 이어졌다. 그는 1880년에 바르셀로나에 살면서 뛰어난 기타
교사인 마힌 알레그레와 교류를 했다. 그 후 타레가가 바르셀로
나로 오면서 타레가의 집을 자주 방문하게 되었다. 타레가에게서
테크닉을 배우고 만년에는 타레가와 듀오 연주를 하는 것이 일과
였다. 그들은 오페라와 사르수엘라의 곡, 그리고 베토벤과 하이
든 등의 작품을 기타 2중주로 즐겨 연주했다. 바르셀로나에서 가
르시아 포르테아는 타레가와 같은 건물에 살았다. 그리고 매일
정해진 시간에 타레가의 집으로 내려와서 듀오 연주를 했다.

벤리우레와 챠피 등, 당시의 지식인들과 함께 찍은 사진. 타레가는 뒷줄 왼쪽에서 3번째다.

이 '레슨'은 타레가가 살아있는 동안 계속되었다.

다시 1870년대로 돌아가보자. 1874년, 3년의 병역을 마친 타레가는 마드리드 왕립음악원에 입학을 하려고 했다. 입학자격시험은 문제없이 통과했지만 금전적인 문제를 해결하기 위해 입학금 면제를 위한 탄원서를 내야만 했다. 입학이 결정된 것은 1875년 2월이었다. 그 후, 그는 이 음악원에서 피아노, 화성, 솔페지오를 배우게 된다. 당시에는 아직 기타과가 없었으므로 타레가는 피아노로 음악지식을 배웠다(마드리드 왕립음악원에 기타과가 설립된 것은 1935년이다).

학생 타레가는 친구들과 공동생활을 했다. 금전적으로는 풍족하지 않았지만 좋은 친구들을 만나 가난하지만 즐거운 공동생활을 했다고 한다. 타레가가 살고 있던 하숙에는 많은 예술가가 모여 있었다. 그 중에는 명 기타리스트 호세 마르티네즈 토보소도 포함되어 있었다. 발렌시아 출신의 이 기타리스트는 밝은 성격으로 모두가 좋아했으며, 타레가와 그 하숙학생들의 가난함을 다양한 아이디어로 도와준 인물이다. 이 인물은 후에 타레가의 평생 친구가 된다.

마드리드에 있었을 때의 중요한 일 중 하나로 알함브라 극장에서 진행된 자선 콘서트가 있다. 이 콘서트에는 알베니스, 츄에카, 챠피가 참가했다. 이 콘서트로 인해 이때까지 클래식 음악계에서 무명이었던 타레가는 단숨에 마드리드 악단에 널리 알려지게 되었다. 이 타레가의 연주회 이후, 마드리드의 콘서트홀은 기타를 '콘서트홀에서 공연이 가능한 악기'로 인정하기 시작했다. 타레가는 음악원에서 열심히 공부하면서 기타에 전념했다. 마드리드의 콘서트홀은 '명 기타리스트' 타레가의 연주회를 주최하고 사라망카 후작 등의 상류계급 사람들에게 레슨노 하는 등 딩시의 지식인, 고명한 예술가들과 깊은 교류를 하게 되었다. 타레가의 기타리스트로서의 경력이 확실하게 시작되었던 것이다.

●실연, 그리고 국내에서의 연주활동

타레가가 연주활동을 시작하자 그 명성은 마드리드에서 확고해졌다. 물론 그에게 기타를 배우고 싶어 하는 상류계급의 자제도 무수히 방문했다. 타레가가 가르친 제자 중에서 특히 뛰어난 재능을 가진 사람이 의사 리에렌디의 딸 클레멘시아였다. 음악적 재능은 물론이고 미모도 빼어나 타레가를 매료시켰다. 타레가는 이 여성과 듀오를 이뤄 콘서트 활동을 했다. 이 연주 투어에는 아버지 리에렌디가 반드시 따라왔다. 하지만 공연이 계속되면서 어린 아가씨의 마음속에는 자신의 재능에 대한 자만심이 생겨났다. 연습을 소홀히 하기 시작해 악보 암기가 불안해진 것은 그녀의 정신적인 변화를 알려준 것이다. 추가로 '스테이지 파파'의 돈에 대한 집착이 박차를 가했다. 타레가는 사랑에 빠진 여성의 배신을 보게 되었다. 그리고 그녀와 헤어지기로 했다. 물론 사제

관계도 끝냈다. 이 일화가 우리가 들을 수 있는 타레가의 연애에 관한 첫 에피소드다. 이 실연의 아픔을 잊게 하려는 듯이 타레가에게 끊임 없는 연주 의뢰가 들어왔다.

클레멘시아와의 쓰라린 이별 후, 타레가가 발렌시아 지방과 안달루시아 지방에서 연주회를 한 기록이 남아있다. 어디를 가든 타레가의 연주회는 높은 평가를 받았다. 이 무렵 타레가의 연주회 프로그램은 역시 그 당시의 유행과 관객의 취향에 맞춘 것이 많았다. 물론 선배이자 스승인 훌리안 아르카스의 곡과 페르난도 소르, 디오니시오 아구아도 등 (현재는) '고전'이라 불리는 레파토리도 포함되어있었다. 이 당시에 활약했던 그 밖의 기타리스트로는 아르카스, 브로가, 카노, 웨르타 등이 있으며, 모두 오페라에서 발췌하거나 당시의 유행가, 민요 등을 어레인지한 기타 연주를 대중에게 들려주었다. 타레가도 마찬가지였다. 타레가는 이미 이 당시 피아노 작품을 편곡해서 연주했으며, 이것은 음악원에서 피아노를 배운 타레가의 장점이기도 하다.

타레가의 편곡 레파토리 중에 베토벤과 쇼팽, 멘델스존 등의 곡이 많은 것도 특징적이다. 이것은 '후기 로망파의 음악가'로서의 타레가의 특색을 잘 드러내고 있어 매우 흥미롭다. 타레가는 평생 베토벤을 필두로 한 '고전파'의 음악을 이상적으로 생각했으며 만년을 지낸 바르셀로나의 피아노 위에는 베토벤의 초상화가 장식되어 있었다고 한다. 사실 '로망파'의 시대는 과거 위인의 작품을 재현하는 '재연예술'이 특색이기도 했다. 그때까지는 음악가 자신의 작곡 작품을 직접 연주하는 것이 기본이었지만 로망파는 과거의 위대한 작품을 재현해 그 가치를 정했다. 말하자면 '발굴'과 '평가'의 시대이기도 했다. 타레가의 베토벤 숭배, 그리고 과거의 작곡가 작품을 기타로 편곡한 것을 보면 그의 성향을 강하게 느낄 수 있다.

한편 타레가는 선배 기타리스트의 레파토리를 이용하는 것도 잊지 않았다. 아르카스의 작품을 연주회에서 연주하는 경우도 많았다. 실제로는 스승인 아르카스의 곡이 후세에는 타레가 작곡(또는 편곡)으로 전해진 예도 있다. 예를 들어 베르디 작곡 '라 트라비아타'도 얼마 전까지는 타레가의 편곡으로 되어있었지만, 아르카스가 먼저이고 내용도 거의 같다. 이밖에도 유명한 '탱고'는 가르시아 톨사의 작품이다('엔리케타'라는 작품명이다). 어째서 이렇게 작곡자(편곡자)가 있음에도 '타레가가 작, 편곡한'이라고 되어있었을까? 여기에는 다양한 이유가 있다. 그 중에서 타레가의 친척과 제자들이 타레가가 손으로 쓴 악보에 타레가의 사인이 들어있는 것은 모두 '타레가의 작품'이라고 생각한 것이 한 가지 이유다.

애제자인 다니엘 포르테아는 타레가의 타계 후, 포르테아 문고에서 타레가의 작곡작품 및 편곡작품을 출판했는데, 악보로 삼은 것은 모두 스승이 작, 편곡한 것으로 보았다. 그리고 타레가의 존재감이 강해지면 강해질수록, 타레가의 선배인 아르카스와 가르시아 톨사 등의 기타리스트의 존재감은 옅어졌다. 19세기

초까지를 소르와 아구아도를 중심으로 한 '기타 황금기', 그리고 '타레가의 시대'로 크게 나누어버려 그 사이에는 '아무 것도 없었다'는 경향에 박차를 가하게 되었을 것이다.

소르가 활약했던 '기타 황금기'와 타레가가 등장할 때까지 활약한 기타리스트로는 소르의 제자인 나폴레옹 코스트, 아구아도의 제자인 안토니오 카노 등이 있다. 타레가보다 약간 선배인 기타리스트로는 훌리안 아르카스, 안토니오 히메네즈 만혼, 트리니다드 우에르타 등이 있다.

일반적으로 19세기 기타 황금기 이후, 타레가의 등장까지를 '기타 쇠퇴기'라고 하며 '기타 역사의 공백기'라고까지 불린 시대가 있었다. 아르카스를 예로 들 것도 없이, 타레가도 이전 시대에서 이어받은 레파토리가 있었다. 연주습관적으로도 오페라의 편곡 등, '관중의 취향'에 맞춘 작품이 타레가 초기 연주회 프로그램에 포함되어 있는 것을 보면, 동시대 음악가들의 연습 습관에서 영향을 받았다는 것을 알 수 있다. 그렇다면 타레가가 그들에게서 어떤 영향을 받았는지에 대해서 살펴보자.

●타레가와 같은 시대의 기타리스트들

타레가가 본격적으로 연주활동을 시작한 것은 1870년대 후반이다. 당시에는 타레가 이외에도 뛰어난 기타리스트가 많이 있었다.

먼저 타레가의 스승인 훌리안 아르카스를 들 수 있다. 1832년에 태어난 그는 스페인 기타악파의 직계 음악가다. 그 이유는 아르카스는 아버지에게서 기타를 배웠기 때문이다. 아버지는 디오니시오 아구아도를 사숙(私淑)했던 인물이다. 여담이지만 타레가의 유품 중에는 낡아서 헤진 아구아도의 교본도 발견되었으며, 젊은 시절의 콘서트 프로그램에는 아구아도의 작품이 포함되어있다. 따라서 타레가가 아구아도의 메소드를 연주했을 가능성이 있다.

아포얀도 주법(연주 후의 손가락을 다음 줄에 대는 주법)을 맨 처음 사용한 사람이 아르카스라고 한다. 그의 작품에는 스페인 민족음악인 플라멩코를 테마로 한 작품이 많이 등장한다. 원래 플라멩코 기타리스트가 자주 사용하는 아포얀도 주법을 자신의 테크닉에 응용한 것이다. 아포얀도 주법의 창시자가 타레가라는 설을 볼 때가 있다. 하지만 그것보다는 아르카스의 주법의 완성도를 더욱 높이고, 더욱 높은 음악적인 난이도에 응할 수 있도록 발전시킨 사람이 타레가라고 하는 것이 맞을 것이다. 아르카스가 아포얀도의 창시자임을 증명하는 것이 타레가의 제자인 푸홀의 기록에 남아있다. 어느 날 제자 푸홀이 스승에게 '당신이 아포얀도를 개발하셨나요?'라고 질문했다. 그에 대한 타레가의 대답은 '아니다. 훌리안 아르카스가 빠른 패시지를 연주할 때 아포얀도 주법을 사용했다'라는 것이었다.

아르카스에 대해 한 가지 더 이야기하겠다. 안토니오 데 토레스와의 만남도 타레가보다 먼저였다. 토레스의 기타를 유명하게 한 것은 당시의 아르카스이며, 1860년 이후 토레스는 아르카스에게서 플레이어로서의 조언을 받으며 악기제작을 했다. 앞에서 소개한 타레가와 그의 패트런인 카네사는 '아르카스의 명연주 뒤에는 명기가 있다!'라는 소문을 듣고 스페인 동부에서 멀리 떨어진 남부 스페인의 세비야까지 공방을 방문하는 여행을 했다. 타레가가 토레스의 악기로서의 미지의 가능성을 끌어낸 것은 사실이지만(레파토리와 주법면에서도), 그 이전에 악기로서의 성능이 향상된 것은 아르카스라는 명 기타리스트의 재능과 깊이 관련되어있다.

1860년대에 아르카스는 연주가로서 바쁜 나날을 보냈다. 그리고 이 무렵 바르셀로나에 살고 있었다. 하지만 연주가로서 스페인 국내는 물론, 전 유럽을 여행했기 때문에 바르셀로나에 없었던 날이 많았다. 타레가가 아르카스의 제자가 된 것도 이 시기다. 그러나 결국 거의 가르쳐준 것이 없다. 아르카스의 연주활동 전성기는 1860년부터 10년 동안이다. 1870년에는 은퇴를 했다. 그리고 밀과 곡물을 취급하는 사업을 시작했다. 그리고 1880년에는 다시 연주활동을 재개한다. 하지만 컨디션이 그다지 좋지 못해 연주활동에서 큰 성공을 거두지는 못했다. 이것이 타레가에게는 매우 큰 행운이었을 수도 있다. 왜냐하면 타레가는 아르카스가 휴양을 하던 10년 동안 음악가로서 기초를 탄탄히 하고 연주가로서의 경력을 순조롭게 시작했기 때문이다.

이밖에도 타레가와 같은 시대에 활약한 스페인 기타리스트로서 저명한 인물 중에는 만혼과 우에르타가 있다. 안토니오 히메네즈 만혼은 1866년에 태어나 타레가보다 어리다. 하지만 데뷔는 빨라 14살 때 이미 포르투갈, 프랑스, 영국에서 연주활동을 했다고 한다. 연주활동으로 명성을 얻은 후, 파리를 중심으로 기타 교사로서 활동했다. 1893년에는 남미의 칠레와 아르헨티나에서 연주를 했으며, 그 후에는 남미에 머물렀다. 1912년부터 19년 동안은 다시 유럽으로 돌아와 마드리드에 살았다.

연주활동을 시작한 후에는 다시 남미로 갔다. 그리고 부에노스아이레스를 거점으로 11현 기타의 발전에 힘을 기울였다.

하지만 당시 연주가로서의 정력적인 연주활동이라는 점에서 만혼은 트리니다드 우에르타(Trinidad Huerta)에는 상대가 되지 않았다. 소르와 아구아도의 시대, 그리고 타레가의 시대 사이에 수많은 기타리스트가 있었지만, 아르카스와 우에르타만큼 활발하게 연주활동을 한 기타리스트는 없었다. 트리니다드 우에르타는 1800년에 태어나 살라망카에서 음악교육을 받았다. 스승은 마누엘 가르시아다. 디오니시오 아구아도도 파시리오 신부에게서 배웠으며, 그 후에는 당시 고명한 가수인 마누엘 가르시아에게 배웠다. 그는 고명한 음악교사이며, 기타도 잘 연주한 인물이기도 했다. 우에르타도 마누엘 가르시아에게서 노래와 기타를 배워 그 재능을 인정받았다. 그런 의미에서 우에르타도 정통 스페인 기타 음악의 루트를 이어받은 기타리스트다. 1820년대부터는 연주가로서 전 세계 투어를 했으며, 1825년에는 미국에서도 연주여행을 해 좋은 평가를 받았다. 그 후에도 전 세계 투어를 했으며 1827년에는 런던에 살았다(결혼상대는 고명한 기타 제작가인 파노르모의 딸이었다). 그 후 영국에서의 정력적인 연주활동은 물론이고 유럽 각지에서 연주여행을 했다. 연주활동은 1870년에 들어서도 끊임없이 이어졌으며, 1874년에 파리에서 타계했다. 그 연주활동 리스트는 DGA에디션에서 출간된 〈우에르타~그 생애와 작품〉에서 볼 수 있다. 그는 국제적인 연주가로서 높은 평가를 받았으며 연주여행 기록도 막대하다.

타레가가 연주활동을 본격적으로 시작한 것은 1870년대 말부터다. 이때는 당시의 유명연주가인 두 사람, 아르카스와 우에르타는 연주활동을 하지 않던 시기였다. 아르카스는 1870년부터 10년 동안 휴양을, 그리고 우에르타는 1874년에 타계해서 그 영향력도 지난 시대의 유물이 되어가던 시기였다. 그 시기에 신진 연주가로 등장한 타레가는 재능도 있었지만 당연히 주목을 받는 존재였다. 바르타살 사르도니가 쓴 〈스페인 음악가 사전〉은 당시 스페인 음악계를 알기 위한 유익한 정보를 담고 있다. 여기에 '타레가는 1879년 초의 스페인에서 가장 뛰어난 기타리스트 중 한 명이다'라고 쓰여 있다. 쿠바 출신 호세 마르티는 1879년 10월부터 스페인에 머물렀다. 그의 2개월에 걸친 마드리드 생활에서 타레가의 콘서트를 듣고 다음과 같은 소감을 남겼다. '(스페인에는) 수많은 명 기타리스트가 있지만, 그 중에서 특출난 사람은 타레가와 아르카스다. 타레가가 쇼팽의 '장송행진곡'을 연주하면 듣는 이들은 모두 눈물을 흘렸다. 아르카스의 연주는 대담해서 듣는 이의 마음을 강하게 흔들고 귀에는 기분 좋은 울림이 남는다'라고 했다. 이 시인의 글에서 당시 타레가의 연주 스타일과 아르카스의 연주 스타일의 차이를 알 수 있다.

●아르카스와의 재회~다음 세대로

1870년대 말, 타레가는 누가 보아도 아르카스와 비견되는 기타리스트가 되었다. 한편 아르카스는 1870년대부터 은퇴해 무대를 떠났다. 타레가는 1879년 말에 뜻하지 않은 곳에서 예전의 스승이며 위대한 기타리스트인 훌리안 아르카스를 만난다. 그곳은 알리칸테였다. 친구 포베다의 초대로 알리칸테에서 며칠을 보내기 위해 방문했다. 몇 회의 콘서트도 예정되어 있었다. 이때 아르카스는 은거해 있던 아르메리아에서 나와 부활 콘서트를 하는 도중이었다. 하지만 심장병을 앓고 있었던 탓에 콘서트는 빈번히 취소되었다. 타레가는 알리칸테에게서 아르카스가 이곳에 머물고 있다는 소식을 듣자마자 인사를 드리려 했다. 어떤 재회였을까? 이 부분에서 푸홀의 전기와 리우스의 전기 내용이 다르다. 푸홀의 전기에는 아르카스가 타레가에 대한 질투심으로 타

레가를 냉담하게 맞이했다고 되어있다. 한편 리우스의 전기에는 다음과 같이 되어있다. '아르카스는 어린 시절의 타레가 연주밖에 몰랐다. 어떤 연주가가 되어있는지 실제로 들어보고 싶어 직접 기타를 건네 연주를 부탁했다. 타레가의 연주를 들은 아르카스는 그의 뛰어난 연주에 감동의 눈물을 참을 수 없었다. 그리고 타레가에게 앞으로의 기타 음악계를 너에게 안심하고 맡길 수 있다는, 말하자면 유언 같은 말을 했다'라고 아르카스와 타레가의 만남을 아름답게 묘사하고 있다.

푸홀의 전기에는 과거의 영광에 매달려 예전 제자의 성공에 질투하는 불쌍한 병자로 묘사되어있고, 리우스의 전기에는 타레가의 재능을 인정하고 자신의 후계자로 인정하는 따뜻한 인물로 묘사되어있다. 어느 쪽이 맞는지는 알 수 없다. 하지만 어느 쪽이든 아르카스의 시대가 끝났다는 것은 확실하다. 기타는 타레가를 중심으로 한 젊은 세대가 이어받은 것이다.

타레가는 병석에 있는 아르카스를 여러 차례 방문했다. 그리고 그의 제자인 루이스 소리아를 소개받았다. 그는 1851년에 태어나 타레가보다 한 살 많았다. 생일이 같은 날이었으며 같은 세대라 금방 친해졌다. 두 사람 모두 이미 연주활동을 시작했음에도 라이벌 의식 없이 금방 친구가 될 수 있었던 것은 서로의 향상심, 그리고 각자의 개성 때문이었을 것이다. 둘의 우정은 다음 세기로도 이어졌다. 1903년부터 1905년까지 바르셀로나의 타레가 자택 살롱을 소리아가 자주 방문했다는 것만 보아도 그 우정을 알 수 있다. 그 후 소리아는 1910년에 스페인의 산 세바스티안에 살았다. 여기서 젊은 날의 레히노 사인스 데 라 마사에게 기타를 가르쳤다. 테 라 마사의 증언에 의하면 소리아는 애정이 많고 겸허히며 솔직했다고 한다.

소리아는 타레가의 성격과 잘 통하는 면이 있어, 둘이 평생 단단한 우정으로 맺어진 이유를 잘 알 수 있다.

루이스 소리아와 타레가는 듀오 콘서트를 한 적도 있다. 연주가로서 서로의 실력을 인정했으며, 타레가가 소리아의 대역을 맡은 적도 있다.

1880년 말부터 다음 해 초까지 타레가는 여러 회의 콘서트를 위해 알리칸테에 있었다. 거기서 친구인 소리아와 우연히 만났다. 소리아도 연주회를 위해 온 것이다. 하지만 소리아가 연주회 이틀 전에 병으로 쓰러져, 대신 타레가가 연주를 한 것이다. 연주회는 크게 호평을 받았다. 그리고 무엇보다 이 노벨다라는 도시에서 진행된 콘서트에서 주목할 점은 타레가가 '어떤 여성'과 만났다는 것이다. 이 여성의 이름은 마리아 리소 리베레스다. 이 여인은 후에 타레가의 아내가 된다. 마리아는 타레가의 연주에 마음을 빼앗겨버렸다. 연주자 대기실을 방문한 마리아는 타레가의 사람됨에도 매력을 느꼈다. 타레가도 아름답고 순박한 마음을 가진 마리아에게 마음이 끌렸다.

마리아 리소 리베레스는 노벨다에 사는 지방 유지의 딸이었다. 마리아도 기타를 즐겼으며, 그녀의 아버지는 타레가에게 집에 와서 몇 가지 어드바이스를 해 달라는 부탁을 했다. 리소가를 방문한 타레가는 마리아와 이야기를 하면서 그녀에 대한 호감이 더욱 커져갔다. 마리아의 음악적 감성도 뛰어났다. 타레가는 다른 일정을 서둘러 마무리하면서까지 노벨다로 돌아왔다. 마리아의 레슨이 명목이었지만 역시 '특별한 여성'이었기 때문이다. 그리고 1881년 2월 6일에 마리아에게 사랑을 고백했다. 타레가는 장래에 자신의 아내가 될 마리아를 만난 후부터 '수첩(카르테라)'에 자신의 인생에서 기억에 남는 일과 날짜를 기록했다. 이 수첩의 날짜에서 그들의 랑데부를 상세하게 알 수 있으며, 타레가와 마리아가 사랑을 키워가는 모습이 잘 기록되어있다.

3월 1일에는 둘이서 노벨다 근교 마을에서 열린 축제 행렬에 참가했으며, 다음날 타레가가 프랑스에서 연주회를 개최한다는 것이 발표되었다. 사랑하는 마리아와의 이별은 괴로웠지만 연주가로서의 경력을 위해서는 어쩔 수 없는 일이었다. 마리아도 타레가와의 이별을 아쉬워했지만, 타레가는 괴로운 마음으로 알리칸테를 경유해서 바르셀로나로, 그리고 파리로 향했다(도중에 바르셀로나 근교의 마을 타라고나에서도 연주회를 했다).

파리에서 타레가의 연주회를 기획한 것은 아르코스라는 인물이다. 아르코스는 화가였다. 당시 파리에는 많은 스페인 화가가 살고 있었다. 그리고 그들은 기타 소리에서 스페인에 대한 향수를 느꼈다. 아르코스는 유복했으며 하이메 보슈라는 사람은 파리에 살면서 이 사람과 친하게 지낸 기타리스트다. 보슈는 1826년에 바르셀로나에서 태어났다. 1852년, 26세 때에는 파리에서 '기타의 왕'이라 불리는 존재가 되었다. 소르, 아구아도가 타계한 후의 파리 기타계에서 가장 유명한 기타리스트였다. 소설가 에밀 졸라, 화가 에두아르 마네, 드가와도 친교를 맺은 유명인이자 파리 음악계에 있어서 유력가였다. 작곡가 샤를 구노와도 아주 친해서 구노와 공동작업을 했을 정도다. 이들이 가족처럼 친하게 지낸 사실은 펠리페 페드렐이 쓴 〈음악가 사전〉을 보면 잘 알 수 있다.

보슈는 당시 파리의 '이국 취미' 붐을 최대한 이용하고 있었다. 마네의 그림을 보면 당시 파리에 사는 문화인들이 스페인 문화에서 볼 수 있는 '이국 정서'에 매력을 느끼고 있었다는 것을 알 수 있다. 그것은 기타 소리에서도 마찬가지였다. 보슈는 그 당시의 스페인 붐을 민감하게 느꼈으며, 그 이미지를 살린 곡을 썼다. 이렇게 그는 파리에서 가장 유명한 기타리스트가 되었다.

보슈는 큰 야심가였다. 1839년에 소르가 파리에서 타계한 후, 파리에서 사라지려던 기타의 열기를 살린 인물이 1852년에 파리로 온 보슈였다. 한편 소르의 정통 후계자인 코스트는 보슈만큼 활동적이지 않았으며, 극히 일부의 한정된 기타 애호가에게

만 알려진 존재였다. 보슈는 파리에서 톱 기타리스트의 지위를 빼앗기지 않기 위해 새로 파리에 오려는 인물에 대해서는 철저하게 책략을 세워서 배척했다. 1885년에 파리에 온 호세 페레르도 보슈의 방해로 교수활동과 연주활동을 잘 할 수 없었다고 한다. 여담이지만 후에 타레가는 페레르의 음악을 추천하는 편지를 썼다. 페레르의 작곡가로서의 재능을 타레가는 높이 평가한 것이다.

앞에서 언급한 화가 아르코스가 어째서 타레가를 파리로 초빙했을까? 아마도 이것은 아르코스와 보슈의 사이가 좋지 않았기 때문인 것 같다. 실력 이상으로 뻐기고 있는 보슈의 콧대를 꺾어 버리고 싶었던 것일까? 이렇게 타레가의 파리에서의 연주회가 개최되었다. 상류계급의 사람들이 드나드는 살롱에서 연주하고, 오페라 극장에서도 연주를 했다. 파리의 스페인 예술가들은 물론이고 파리의 예술가들도 모두 타레가의 음악에 찬사를 보냈다. 연주회는 모두 대성공을 거두었다. 1881년 5월 25일에는 빅토르 유고가 개최한 〈카르데론 사후 200년 기념행사〉에서 연주를 하기도 했다. 주빈(主賓)이 스페인 대사였으므로 스페인을 대표하는 음악가로서 출연을 의뢰받은 것이다. 타레가의 파리에서의 성공은 보슈의 자존심을 갈갈이 찢어놓았던 것 같다. 스페인 화가들과 친했던 벨기에 화가 무슈 도 베르로슈는 보슈가 공적인 장소에서도 타레가에게 스페인으로 귀국하도록 협박과 같은 말을 했다고 기록하고 있다.

1881년 3월부터 5월까지 파리에 머물고, 그 후에는 런던에서 연주회가 기획되어있었다. 오랫동안 스페인을 떠나있었다. 5월 16일 타레가의 '수첩'에는 연인 마리아를 만날 수 없는 것에 대한 고통을 느낄 수 있는 말이 기록되어있다. 영국에 머무는 것도 처음이었다. 영국의 수도 런던에서 시드니 프래튼 부인과도 만난다. 그녀는 당시 영국 기타계에서 가장 힘 있는 인물이었다. 그녀는 줄리오 레곤디의 제자이며 그와도 듀오 연주를 했다. 그런 의미에서 프래튼 부인은 기타의 '로망파'에 속한 음악가이며, 그녀가 남긴 작곡을 보면 그것을 잘 알 수 있다.

프래튼 부인은 타레가와 몇 번의 조인트 콘서트를 했으며, 이 스페인 기타리스트의 음악에 감동한 프래튼은 찬사와 함께 그녀가 애용한 금으로 만든 액세서리를 타레가에게 선물했다. 이처럼 영국에서의 연주회도 성공적이었다. 그리고 영국에 있는 동안에 새로운 연주 의뢰가 들어왔다. 다음은 미국 뉴욕에서의 공연이 정해졌다. 타레가는 연인 마리아에게 편지로 이 일을 알렸다. 하지만 타레가가 받은 답장에는 쓸쓸함에 마음이 약해져가는 연인의 모습만이 보일 뿐이었다.

타레가는 연인의 편지를 읽자마자 짐도 챙기지 않은 채 런던에서 파리로 향하고, 파리에서 연인이 기다리고 있는 발렌시아의 노벨다로 돌아왔다. 런던에서의 3회의 콘서트는 2회로 마쳤다. 높은 수업료를 주는 학생의 레슨도 있었지만, 연인을 만나기 위해 런던에서 단숨에 노벨다로 와버린 것이다. 영국의 타레가가

머물렀던 호텔에는 악보와 옷이 들어있는 가방이 그대로 남아있었다.

●결혼~바르셀로나로

타레가의 런던 생활은 연인의 편지를 계기로 어중간하게 끝났다. 영국의 우중충한 날씨도 스페인에서 태어난 타레가에게는 견디기 힘들었던 것 같다. 말도 통하지 않았고 파리와 달리 교포 소사이어티도 거의 없었다.

스페인으로 돌아온 타레가는 몇몇 친구와 친척에게 간단히 인사를 한 후, 바로 약혼자 마리아를 만나러 갔다.

1881년 말에는 마리아 리소 리베레스와 타레가의 결혼 준비가 순조롭게 진행되었다. 지역 최고 부자의 딸과 결혼하는 것에 대해 당연하지만 타레가에 대한 근거 없는 소문도 돌았다. 돈을 목적으로 하는 결혼이라는 식이었다. 이런 루머에 대해 타레가는 마리아의 결혼지참재산을 모두 돌려보내서 불식시켰다. 둘의 결혼식은 1881년 12월 29일 오전 11시 반에 성 페드로 성당에서 진행되었다.

결혼식 후, 타레가는 가족에게 인사를 하기 위해 카스테욘으로 돌아왔고, 신혼생활을 위해 빌린 브리아나의 집에서 생활을 시작했다. 여기서도 레슨을 했지만 레슨 수입은 적었다. 게다가 수업료 연체가 많아 수입이 불안정했다. 어쩔 수 없이 아내의 친정이 있는 노벨다로 가기로 했다. 이곳을 중심으로 타레가는 주변 마을에서의 연주활동으로 안정된 수입을 얻을 수 있었다. 그리고는 다시 카스테욘에서 살게 된다. 이 시기에 마리아는 임신 징후를 보였다. 타레가의 수첩에는 '1882년 4월 5일, 임신의 징후'라고 기록되어있다. 카스테욘에서는 카지노에서 피아니스트로 일했다. 사르수엘라 애호가 그룹을 지도하기도 했다.

마리아의 출산일이 다가오자 좋은 산부인과 의사도 조산부도 없는 카스테욘을 떠나 마드리드로 갔다. 마드리드에는 마드리드에 살 때의 하숙집 동료이며 지금은 훌륭한 의사가 된 미구엘 아르멘고트가 있었기 때문이다. 이곳은 의료시설도 잘 갖춰져 있었다. 이 친구집에서 신세를 지며 타레가의 장녀는 무사히 태어났다. 1882년 10월 31일의 일이었다. 그러나 같은 해 11월 6일에 세례를 받은 마리아 호세파 데 로스 안헤레스 타레가 리소는 다음 해인 1883년 2월 6일에 갑작스런 병에 걸려 이틀 후에 죽고 만다. 경제적인 어려움은 계속되었지만 무엇보다 부부에게 있어서 첫 아이가 생후 얼마 지나지 않아 죽은 것은 견디기 힘든 고통이었다.

결혼을 하고, 아내가 임신한 후에는 사랑하는 아내를 배려하며 생활을 해왔다. 당연히 연주여행은 할 수 없었으며, 연주를 하지 않아 수입이 불안정했다. 레슨도 정해진 가격이 없던 시대였다. 아내의 출산을 위해 마드리드로 온 이후, 타레가에게 학생이 없

었던 것은 아니다. 사라망카 후작의 딸과 상류계급의 자제에게 기타를 가르쳤다. 하지만 레슨 사례를 받지 않았다. 타레가는 오케스트라의 바이올린 주자인 동생 빈센테에게서 생활비를 받으며 지냈다.

요절한 아이에 대한 마음이 정리된 것은 1883년 봄이었다. 타레가는 연주활동을 재개했다. 연주를 하면서 수입이 생겼으며, 다시금 연주가로서 건재하다는 것을 알렸다.

이당시 사라고사에서 태어난 기타리스트 아구스틴 몬포르테를 방문했다. 이 일로 타레가는 아라곤의 도시인 사라고사를 처음 방문했으며, 그 후에도 그와의 교류는 이어졌다. 몬포르테의 제자들에게도 레슨을 했으며, 사라고사에서 기타에 대한 열의를 불태웠다.

1883년의 나머지 날들은 며칠 간의 연주회로 집을 비운 경우를 제외하고는 아내의 고향인 노벨다에서 지냈다. 다음해 5월 15일에 타레가가 고대하던 장남이 태어난다. 스페인에서는 장남에게 아버지와 같은 이름을 붙이는 관습이 있어, 이에 따라 이 아이는 '파키트'라 불리게 된다.

이후에는 리사이틀을 위해 바르셀로나로 향한다. 이 콘서트에는 많은 신문, 잡지 기자들이 방문했다. 타레가가 훌륭한 '음악가'라는 것이 매스컴을 통해 알려졌다. 바르셀로나에서 정평을 확립한 타레가는 바르셀로나의 가장 권위 있는 홀로부터 출연 의뢰를 받는다. 이삭 알베니즈와 베르나레지 홀에서 같은 무대에 섰다. 이때의 공연은 신문에서 큰 호평을 받았다. 특히 타레가는 지금까지 알 수 없었던 기타의 가능성을 보여줌으로써 청중이 가진 기타에 대한 이미지를 바꿔버렸다. 이날 밤에는 알베니즈 작품의 편곡도 연주했는데, 이것을 들은 작곡가 알베니즈는 '이것이야말로 내가 목표로 했던 '세레나데' 연주다!'라고 말했다고 한다.

바르셀로나에서 수입을 얻은 타레가는 가족과 함께 바르셀로나로 이사를 하게 된다. 처음에는 히그나스에 살았지만, 집의 위생상태가 좋지 않아 다시 이사를 하게 되었다. 그라시아에 살기 시작한 후 얼마 지나지 않은 1885년 9월 13일 아침, 마리아 로사리아가 태어났다. 주위에서는 애칭 '마리에타'로 불렸다. 하지만 좋은 일만 있었던 것은 아니다. 같은 해에 유행한 콜레라에 의해 신인 시절의 타레가를 원조해준 안토니오 카네사, 그리고 타레가의 아버지가 돌아가셨다.

1887년 7월에는 차녀 콘셉시온(애칭: 콘치타)이 태어났다. 그 후, 마드리드에서 오케스트라의 바이올린 연주자로 활동했던 동생 비센테가 타레가와 함께 살게 된다. 마드리드에서 일을 정리한 비센테는 바르셀로나 리세우 극장의 오케스트라에서 연주를 하게 된다. 동생과 함께 살기 위해 타레가는 넓은 집을 찾아야만 했다. 처음에는 로셀론, 그 다음해인 1888년에는 타레가의 가족과 비센테가 발렌시아에서 함께 살기 시작한다. 이곳에서 타레가는 수많은 예술가들과 교류를 했다.

1880년대 중반부터 타레가는 바르셀로나를 중심으로 활동을 한다. 이 시대의 바르셀로나 경제 상황에 대해서 간단히 설명하겠다. 이것은 스페인의 음악사와 예술사를 이해하기 위해서 중요하기 때문이다. 19세기말 이후, 바르셀로나에는 뛰어난 예술가들이 등장한다. 알베니즈, 그라나도스를 필두로, 건축분야에서는 안토니오 가우디가 있었다. 19세기 말, 바르셀로나는 상업적으로 스페인 국내에서 가장 윤택한 자금을 보유한 곳이 되었다.

바르셀로나를 중심으로 한 카탈루냐 지방은 지금도 마드리드를 중심으로 하는 중앙정부와는 독립된 의식을 가지고 있다. 그 의식이 싹튼 계기가 1883년에 보나벤투라 카를라스 아리바우가 읽은 카탈루냐어의 시였다고 한다. 정치적인 의도가 있었던 것은 아니다. 하지만 그당시 잊혀졌던 카탈루냐어로 읽은 아리바우의 시가, 원래 스페인 안에서 독자적인 문화권을 이루고 있던 카탈루냐 '국민'의 아이덴티티를 부활시킨 것이다. 카탈루냐 지방은 18세기 초까지 독자적인 정치기구와 문화를 주장한 지방이었지만 '스페인 계승전쟁'에 의해 중앙정부에 그 자치권을 빼앗겨 버린다. 그때까지 독자적인 언어였던 카탈루냐어는 폐지되고 다른 스페인 지역과 마찬가지로 표준 스페인어(카스티야어)를 의무적인 공용어로 사용해야만 했다. 물론 카탈루냐 독자의 의회도 폐지되고 법률과 특권도 모두 중앙정부에게 빼앗겨 버렸다. 하지만 이 일이 카탈루냐 지방의 상공업을 활성화시키는 결과가 되었다. 중앙정부에서의 출세가 불가능하다면 카탈루냐의 주민은 스페인 중앙정부와 관계없는 넓은 세계와의 교역과 독자적인 아이디어로 살아가야만 했다. 마드리드를 중심으로 하는 중앙정부는 귀족과 토지소유자가 특권을 가진 봉건적 시스템인 것에 비해, 카탈루냐는 상공업에 관련된 사람들이 주도하는 시스템을 만들었던 것이다.

그리고 갇혀 있던 '카탈루냐민'으로서의 의식이 아리바우의 시에 의해 부활한 것이다. '스페인 계승전쟁' 이후, 문화적 아이덴티티를 잃어가던 사람들이 카탈루냐어에서 자신들의 근원을 발견했다. 이를 계기로 본래 자신들이 가지고 있던 문화를 되돌아보자는 운동이 시작되었다. 이것을 '레나센샤'라고 하며, 카탈루냐식 르네상스다.

그리고 1898년 미국과 스페인의 전쟁(미서전쟁)에 의해 스페인은 모든 식민지를 잃는다. 예전의 강력함을 회복하기 위해 스페인 중앙정부를 도우려 했던 카탈루냐의 원조를 중앙정부가 거절한 것이다. 중앙정부의 자존심이 카탈루냐의 금전적 원조를 거부한 것이다. 중앙정부가 그렇게 생각한다면 우리는 우리의 길을 가겠다며, 카탈루냐는 스스로 '문화적으로 풍요로운 스페인'을 만들려는 강한 의지를 가지게 된다. 원래 상업과 공업으로 19세기 중반부터 스페인에서 가장 부유한 지역이라는 기반이

있었으므로, 이것을 바탕으로 진정 스페인다운 문화를 카탈루냐 지역에서 만들어가자는 생각이었다. 이 예술운동을 '무다르니즈마'라고 한다(카스티야어로는 '모데르니스모'). 카탈루냐의 근대주의라 할 수 있다. 이 거대한 예술 무브먼트는 앞에서 언급한 모든 예술분야를 집어삼키면서 발전되었다. 대표적인 예로 카페 '네 마리 고양이'를 들 수 있다. 이 카페는 산티아고 루시뇰, 라몬 카자스 등의 화가와 문예관계자는 물론 많은 음악가가 모이는 장소였다. 알베니즈와 그라나도스, 젊은 시절의 파블로 카잘스도 단골이었다. 음악회가 열리는 경우에는 타레가도 연주를 했다. 너무나도 유명한 화가 파블로 피카소가 이 카페에서 1900년에 첫 개인전을 열었다.

카탈루냐 모데르니스모 운동의 사실상 출발점은 1888년에 개최된 〈바르셀로나 만국박람회(EXPO)〉라고 한다.

이 〈만국박람회(EXPO)〉에서 이삭 알베니즈는 피아노 메이커인 에라르 사의 부스에서 콘서트를 했다. 알베니즈는 1882년부터 바르셀로나를 거점으로 활동하고 있었다. 그리고 이 시기부터 후에 기타 편곡으로도 많이 연주되는 '조곡 스페인'과 '여행의 추억' 등의 작품을 발표했다. EXPO를 계기로 알베니즈는 1889년에 파리에 가게 된다. 드뷔시, 라벨과 교류를 하게 되고, 서로 영향을 주고받는 존재가 된다. EXPO 전까지는 바르셀로나를 중심으로 활동했으며, 거리를 산책하는 모습도 볼 수 있었다. 아내인 로시나와도 악보 가게에서 만나곤 했다. 바르셀로나의 카페 코롱에서 연주하는 계약도 맺었다. 타레가와도 교류가 있어 음악과 예술에 관한 의견을 교환하거나 서로의 연주를 듣는 기회도 가질 수 있었다.

이밖에 타레가와 친했던 음악가로는 호아킨 말라츠, 엔리케 그라나도스, 파블로 카잘루스가 있다. 호아킨 말라츠는 지금도 기타리스트 사이에서 타레가가 편곡한 〈스페인풍 세레나데〉의 작곡자로 잘 알려져 있다. 이 당시 말라츠는 최고의 실력을 가진 피아니스트이자 알베니즈가 가장 신뢰한 피아노 연주가였다. 알베니즈가 만년에 쓴 '이베리아'도 말라츠의 연주를 염두에 둔 작품이라고 한다.

그라나도스도 타레가의 연주를 좋아해서 스스로를 타레가의 팬이라고 했다. 엔리케 그라나도스는 뛰어난 피아니스트이며 작곡가로 바르셀로나를 중심으로 활동했으며, 카탈루냐 모데르니스모의 영향을 받았다. 마드리드의 이미지를 담은 음악을 작곡하더라도 그 음악은 마드리드의 순수한 음악이라 할 수 있는 '사르수엘라'를 바탕으로 한 것과 완전히 다르다는 것은 잠시만 들어봐도 알 수 있다.

젊은 시절의 파블로 카잘스도 타레가의 집에 찾아왔다. 1888년경에는 타레가의 동생이자 바이올리니스트인 비센테가 바르셀로나의 타레가 집에 살고 있었다. 이곳에서 비센테는 친구들과 함께 실내악을 공부하려고 했다. 그때 눈여겨 본 것이 파블로 카잘스였다. 후에 세계적인 첼리스트가 되는 이 인물도 아직은

수행 중이었다. 그리고 비센테는 형에게 피아노를 담당해달라는 부탁을 했다. 이렇게 잠정적인 멤버로 실내악을 연구했으며, 점점 본격적으로 현악4중주를 해보고 싶어졌다. 최종적으로 제1바이올린은 비센테, 제2바이올린은 비센테의 친구인 리오스, 첼로는 파블로 카잘스. 하지만 비올라 연주자를 찾기 어려워 이 파트는 프란시스코 타레가가 기타로 담당했다. 타레가 형제가 중심이 된 현악4중주단은 이렇게 결성되었다. 하이든, 베토벤, 모차르트의 작품을 모두 함께 즐겼다. 하지만 이것은 어디까지나 대작곡가들의 음악을 즐기기 위해 모인 그룹이었으며, 공개공연은 하지 않았다. 자신들이 즐기기 위해 그리고 연구를 위해 순수한 마음으로 모였던 것이다.

타레가가 베토벤 등의 '고전'이라 불리는 작곡가를 존경하고 있었다는 것은 잘 알려져 있다. 그리고 그의 기타 작곡 작품을 보면 현악4중주와 같은 수법을 볼 수 있다. 이것은 제자인 료베트의 작곡 작품이 오케스트라적인 수법을 하고 있다는 점을 비교해보면 잘 알 수 있다. 이처럼 친구들과 고전 콰르텟을 즐긴 타레가가 기타로도 같은 음악세계를 만들고 싶어했다는 것은 분명하다.

●발렌시아~타레가의 제자들

타레가는 바르셀로나에 살면서 앞으로 세계적인 평가를 받게 되는 음악가들과 교류하게 되었다. 타레가의 재능을 높이 평가한 친구들은 타레가에게 해외로 나가 연주활동을 하도록 권했다. 1880년대 말부터 90년대에 걸쳐 타레가는 집에서 거의 나가지 않았으며, 스페인 밖에서의 연주도 얼마 하지 않았다. 국내에서는 작은 살롱에서의 콘서트를 즐겼고, 자신의 음악을 이해하는 사람들에 둘러싸여 연주하는 것을 좋아했다.

타레가의 음악가로서의 재능을 높이 평가한 사람 중에는 호안 고우라가 있었다.

국제적인 지휘자로 활동했던 그는 전 세계에 유력한 인맥이 있어 타레가가 해외에서 편하게 연주를 하도록 배려해주었다. 상트 페테르부르크의 궁전에서 고우라는 귀빈급 대우를 받은 존재였다. 이곳에서 고우라는 타레가의 연주회를 계획했다. 그리고 모든 준비가 갖춰졌다. 하지만 상트 페테르부르크에서의 연주회 편지를 받은 타레가는 그곳에 가지 않았다. 편지를 주머니에 넣어두고, 그날 타레가를 찾아온 친구를 위해 기타를 연주했다.

이렇게 자기 집에서 극히 한정된 방문자를 위해 기타를 연주하고, 친구집에서 아는 사람들끼리 모여 연주회를 하는 것이 타레가에게는 마음 편한 공간이었다.

해외에서의 연주는 거의 없었으며, 콘서트의 규모도 작아졌지만 발렌시아에는 자주 갔다. 콘서트와 레슨에서는 그 지역 기타계에 중요한 영향을 주었다. 1888년에는 발렌시아로 이사를 하

게 된다. 몇 회의 콘서트와 제자들에게 레슨을 하기 위해서였다. 이 레슨을 통해 현지 기타계에는 '타레가파'라 할 수 있는 것이 형성되었다. 이 당시의 제자로는 마누엘 로스코스, 프란시스코 코렐, 토니코 테료, 파스쿠알 록, 프란시스코 칸트 등이 있다. 이들은 모두 젊고 타레가를 만나 청년시절을 기타에 바쳤으며, 이 '마에스트로'와의 교류는 평생 이어졌다. 이 중에서 파스쿠알 록은 하바나로 건너가, 현지에서 타레가의 가르침을 널리 퍼프렸다. 그리고 뉴욕의 G.Schirmer 출판사에서 〈현대기타교본〉과 3권으로 이루어진 〈타레가 교과과정〉을 출판했다. 록의 저서는 푸홀 교본과 함께 타레가의 주법을 현재에 전달하는 중요한 자료가 되었다(푸홀은 자신이 쓴 타레가 전기에서 록의 교본은 '타레가의 가르침을 제대로 전달하지 못한다'며 비판적인 평가를 했다).

발렌시아 시대에 타레가의 작곡 작품의 걸작 몇 곡이 탄생되었다. 그 중 하나가 '아라비아 기상곡'이다. 손으로 쓰인 악보에 1889년 7월 28일이라는 날짜가 남아있다.

이 당시, 콘서트 프로그램에 반드시 들어있는 곡이 있었는데, 이것이 멘델스존의 '베니스의 뱃노래'였다. '무언가' 중 한 곡이며 타레가의 로망파로서의 감성을 잘 반영한 레퍼토리다. 타레가는 슈만과 멘델스존 등의 독일 로망파의 기악음악에 대한 강

한 집착을 가지고 있었던 것 같다. 〈무언가집〉은 독일기악음악을 대표하는 장르라고 해도 과언이 아니며, 그 정신을 보여준다. 리드(노래)가 있어도 가사는 없다. 침묵 속에서 깊은 감정의 흔들림을 표현하려는 작곡 철학이 여기에 담겨있다.

타레가의 '아라비아 기상곡'도 같은 의미로 작곡되었다. 이 곡에는 소르와 아구아도, 그리고 스승 아르카스 등, 앞 시대의 기타리스트가 도달하지 못했던 깊은 정감이 담겨있다. 이 점에서도 타레가를 후기 로망파의 음악가, 작곡가로 볼 수 있다.

타레가가 다시 바르셀로나로 온 것은 1891년 가을의 일이다. 바르셀로나를 중심으로 교수활동과 연주활동을 한 것은 1892년 이후다. 1888년부터 1891년 가을까지는 때로는 바르셀로나 근교의 마을에 연주회를 하러 갔지만 기본적으로는 발렌시아를 중심으로 제자들과 지지자에 둘러싸여 생활을 했다. 제자들의 레슨에서는 베토벤, 멘델스존의 위대함을 이야기하고 때로는 멋진 즉흥연주로 학생들을 감동시키기도 했다. 이처럼 타레가의 발렌시아 지방에서의 명성은 확고해졌다.

발렌시아 시절에 만나 타레가와 평생 친구가 된 인물 중 릭키라는 의사가 있다. 이 인물은 영국 출신으로 런던에서 프래튼 부인에게 기타를 배웠다. 릭키는 교양인이었지만 좀 특이한 인물로 유명했다. 직업은 의사였고 타레가와 만났을 때 나이는 50이다 되었다. 하지만 차림새가 기발했으며, 은퇴했지만 충분한 자산이 있었다. 7개 국어를 할 수 있었으며 전 세계를 여행했다. 동서고금의 고전도 잘 알고 있었으며 말투에 고전의 시구가 들어간 경우도 종종 있었다. 릭키는 1890년에 타레가의 연주를 듣고 깊은 감명을 받았다. 지금으로 치면 '사생팬'이 된 것이다. 타레가를 신이라 생각하고 숭배했다. 레슨을 받고 타레가의 콘서트를 최대한 많이 관람했다. 둘의 교류는 타레가가 죽을 때까지 이어졌다.

릭키는 스페인의 민중적인 문화에도 매력을 느끼는 감성을 가지고 있었다. 거리의 오르간에서 연주되는 '사르수엘라'의 곡조를 정말 좋아했다. 그리고 타레가에게 이 유행가를 기타로 편곡해달라고 부탁했다. 이렇게 해서 이 당시 타레가의 음악적 기호와는 약간 다른 '불쌍한 발부에나'와 '엘 라튼' 등의 기타 편곡이 남아있는 것이다.

●다시 바르셀로나로~애제자들과의 나날들

타레가는 1891년 가을까지 발렌시아를 중심으로 활동을 했다. 이곳에서의 성과는 무엇보다 발렌시아 땅에 '타레가파'를 확립해 놓았다는 것이다. 이것은 타레가의 개인적인 주법이 발렌시아 땅에 도입된 것이 아닌, 현대로 통하는 기타 주법의 근본이 발렌시아에 뿌리를 내렸다는 것을 의미한다. 지금도 발렌시아 지방은 클래식 기타 연주가 활발하다. 직접적이든 간접적이든 발렌시아 지방에서 타레가의 영향은 지금도 남아있다. 주법과 음악관은 시대와 함께 변화된다. 하지만 타레가가 남긴 기반이 있었기에 이 땅에서 기타에 대한 정열이 더욱 확고해진 것이다.

발렌시아에서 몇 년을 보낸 후, 타레가는 다시 바르셀로나를 중심으로 활동을 하게 된다. 그리고 타계할 때까지 바르셀로나에서 생활한다.

이 '제2차' 바르셀로나 시대가 후세에 타레가의 가르침을 전하는 우수한 제자들을 키운 시기다. 대표적인 제자로는 미구엘 로벳, 에밀리오 푸홀, 다니엘 포르테아 등이 있다.

1892년 바르셀로나에는 리보 이 아르카니스라는 공방이 있었다. 이 기타점이 현지 기타리스트와 애호가들이 모이는 장소였다. 이곳에 젊은 미구엘 로벳이 있었다. 14살 때, 로벳은 이 공방에서 타레가를 만난다. 그리고 어느날 타레가의 연주를 듣고 충격을 받았다. 알베니즈의 '그라나다'와 바그너의 '탄호이저 서곡'이었는데, 지금까지 들어본 적이 없는 섬세한 선율과 음색의 변화, 그리고 편곡도 마치 오케스트라와 같은 울림이었다. 그때까지 마린 알레그레에게서 기타를 배우고 있었던 로벳은 이 후, 타레가에게 기타를 배우게 되었다. 참고로 마린 알레그레도 현지에서는 뛰어난 기타 교사였지만 본업은 약방을 운영하고 있었다. 그래도 현지의 기타 서클에서는 중심적인 인물이었으며, 인간적으로도 존경을 받아 1892년에 결성된 바르셀로나 기타협회의 회장이 되었다. 아르카스와 페레르도 마린에게 작품을 헌정하는 등 당시 기타계에서 중요한 인물이었다.

알레그레의 제자로는 이밖에 호아킨 알그놀도 있다. 1875년에 태어난 이 기타리스트는 1890년부터 바르셀로나의 법률학교에서 공부를 했다. 호아킨도 타레가의 연주를 듣고 그의 숭배자가 된 사람 중 하나다. 호아킨은 고향 만레사에서 타레가의 연주회를 기획해 스승의 훌륭한 예술을 모두에게 알리려고 노력한 공적으로 알려져있다.

1893년, 런던에서 연주회를 할 계획이었다. 그리고 도중에 파리를 방문해 친구 펠리페 페드럴에게 편지를 썼다. 펠리페 페드럴은 알베니즈와 파야에게 막대한 영향을 주었으며, 이들이 '새로운 스페인음악'을 창작할 때의 지침을 준 인물이라 해도 과언이 아니다. 이 편지에서도 타레가가 스페인 음악계의 가장 중요한 인물 중 한 사람과 친했다는 것을 알 수 있다.

파리에 있었던 타레가는 페드럴에게 페레르의 작품을 봐달라는 부탁을 했다. 글만으로는 어떤 의도가 있었는지 알 수 없지만 친구인 호세 페레르의 작곡가로서의 재능을 읽고 뭔가 어드바이스를 해달라는 마음이 있었을 것이다. 호세 페레르는 현재에도 기타 애호가 사이에서 '탱고' 등의 소품으로 이름이 알려져 있다. 하지만, 연주회용 작품을 쓴 뛰어난 기타 작곡가라는 것은 잊기 쉽다. 페레르는 1835년 스페인의 지로나에서 태어났다. 1860년부터는 바르셀로나에 살면서 호세 브로카와 친분을 쌓았다. 바르셀로나에는 1885년까지 살았다. 이 시기에 타레가와

친해졌으며, 후에 페레르는 '12의 미뉴엣'
을 작곡해 타레가에게 헌정했다. 1885년
이후 13년에 걸쳐 파리에 거점을 두고 교수
활동과 연주활동을 했지만 정기적으로 바
르셀로나로 돌아가 기타 애호가들과의 교
류를 이어나갔다. 1895년 이후, 페레르는
파리에서 많은 작품을 출판하게 된다.

　페레르의 음악에서는 소르, 아구아도 등
의 고전적인 향기가 나며, 그 안에서 민중
적인 요소가 균형을 유지하며 가미된 경우
가 많다. 클래시컬한 느낌을 잃지 않으면서
도 친숙한 곡이다. 화성에서는 로망파의 느
낌과 독특한 정감을 담고 있다. 아마도 타
레가는 페레르의 작곡가로서의 재능을 높
이 평가했다고 생각된다. 그 증거가 위에서
언급한 스페인 음악의 권위자 페드럴에게
보낸 편지다.1893년 6월에 타레가는 런던

타레가의 애제자 중 한 명인 미구엘 로벳.

에 있었다. 현지에는 자필 악보가 몇 점 남아있었다. 런던의 콘
서트에 타레가의 연주를 기다렸던 많은 청중이 모여들었다. 하
지만 사교계의 분위기에 익숙해지지 못하고 고향 스페인에 대한
향수만 깊어졌다. 대도시 런던에서 잠시 자연과 접할 순간을 얻
은 기타리스트가 평안함을 느끼고 있을 때, 타레가의 뺨에는 한
줄기 눈물이 흘러내렸다. 이 순간을 우연히 목격한 인물의 의뢰
로 태어난 곡이 있다.

　그것이 타레가의 걸작 중 하나인 '라그리마(눈물)'다. 이 소품
이 런던에서 작곡되었는지는 증거가 없어서 사실여부를 알 수
없지만, 1915년 타레가의 사후에 쓰여진 고향 카스테욘 신문의
기사에는 위와 같이 '라그리마'의 유래가 쓰여있다.

　위의 에피소드에서 알 수 있듯이 타레가는 스페인에 대한 강한
애착을 가지고 있었다. 아마도 타레가에게 있어서 언어가 통하
지 않는 이국에서의 지속적인 연주활동은 고통스러웠을 것이다.

　영국에서의 연주를 마치고 며칠은 바르셀로나의 자택에서 보
냈지만, 이번에는 사라고사에서의 연주여행이 기다리고 있었
다. 사라고사에는 사랑하는 제자들이 있어 기분 좋게 연주활동
을 할 수 있었다. 1894년 2월에는 릭키 박사의 코디네이트로 칸
느, 니스, 몬테카를로에서 연주를 했다. 릭키 박사는 세계 각지
에 집을 가지고 있었다. 해외 공연에는 바르셀로나에서의 타레
가의 제자인 호아킨 아그놀이 동행했다. 그 후에는 파리에 머물
렀으며, 파리에 살고 있는 이사벨 전 여왕의 저택에 초대를 받았
다. 스페인을 그리워하는 그녀 앞에서 타레가는 기타로 이사벨
전 여왕의 마음을 달래주었다. 3월초까지 바르셀로나로 돌아가
지 않고 그 후 자택으로 돌아간 후에 알리칸테로 향했다. 알리칸
테에서는 친구인 프란시스코 밍고트의 자택에서 지냈다. 밍고트
의 딸 에르비라는 기타를 연주했으며 뛰어난 소질을 가지고 있

었다. 에르비라에게는 그때까지도 알리칸테에 갈 기회가 있을
때마다 수업을 했는데 실력향상 속도가 놀라울 정도였다. 타레
가 자신이 그녀와 듀오로 투어를 하겠다는 생각을 했을 정도였
다. 하지만 이 당시 상류계급 미혼 여성의 연주여행은 허락되지
않았다. 때문에 에르비라 밍고트와의 듀오는 실현되지 못했다.

　1890년대 전반기에 타레가는 정력적으로 연주활동을 했다.
그리고 각지에서 실력 있는 제자들을 가르쳤다. 새로운 레파토
리가 작곡될 때마다 편지와 함께 각지의 제자들에게 보냈다.

●콘차부인과의 해후~알함브라 궁전

1896년 2월, 타레가는 다시 니스에 있는 릭키의 집에 있었다.
그의 별장에서 몇 가지 작품을 작곡했다. 그리고 같은 해 5월에
는 스페인으로 돌아와서 안달루시아의 각지에서 콘서트를 했다.
타레가는 잠시 집에 돌아갔다가 며칠 후 발렌시아로 향한다. 이
곳에서는 타레가의 애제자 마누엘 로스코스 집에 머물렀다. 발
렌시아에 머물 때, 로스코스가 콘차 고메스 데 하코비 부인을 소
개해주었다. 로스코스에게 기타를 배우고 있던 콘차 부인은 타
레가의 연주가로서의 명성에 대한 이야기를 들어왔다. 타레가의
연주를 꼭 가까이서 들어보고 싶다고 생각한 콘차 부인은 자택
에 이 기타리스트를 초대해 만찬을 열었다. 이때 타레가의 연주
에 마음을 빼앗긴 콘차 부인은 타레가의 음악 가까이에 항상 있
고 싶다고 생각할 정도가 되었다. 콘차 부인에게는 신대륙과의
교역으로 얻은 먼저 죽은 남편이 남겨준 막대한 재산이 있었다.
그리고 바르셀로나에 부동산도 소유하고 있었다.

　그녀는 결국 타레가를 따라 바르셀로나로 건너가 상 젤바시오

탑에 살았다. 당시는 아직 35세, 강한 소유욕을 가지고 있었던 인물이다. 처음에는 타레가의 음악을 가까이에 두고 싶다는 동경의 마음이었다. 하지만, 타레가의 음악을 항상 자신의 가까이에 두고 싶은 일종의 오만함이 나올 때까지의 시간은 그리 오래 걸리지 않았다.

발렌시아에서의 첫 만남 이후, 콘차 부인은 타레가의 안달루시아로의 연주여행에도 동행했다. 이 여행에서 콘차 부인은 그라나다 관광을 했으며 특히 알함브라 궁전에서 강한 인상을 받았다. 이때 타레가의 최고 걸작인 '알함브라 궁전의 추억'이 스케치되었다.

1896년 국내 연주여행을 마치고 바르셀로나로 돌아왔다. 콘차 부인은 타레가를 설득해서 자신이 머물고 있는 '상 젤바시오탑'으로 오라고 했다. 가족 동반으로 갔지만 이곳에서 콘차 부인은 타레가의 예술을 자신만의 것으로 하려는 시도를 했다. 콘차 부인의 바르셀로나 거처에서 타레가는 '꿈~마주르카', '마리에타' 등 수많은 걸작을 작곡했다.

타레가는 1896년 여름을 발렌시아에서 보내고 8월 중반에 바르셀로나로 돌아온다. 그리고 여기서도 콘차 부인과 빈번히 만났다. 그 과정에서 몇 곡을 작곡해 콘차 부인에게 헌정했다. 타레가가 가는 곳에는 반드시라고 해도 좋을 정도로 콘차 부인이 함께 있었다. 다음해인 1897년 가을에는 파리에서의 연주회가 기획되었는데 여기에도 콘차 부인이 있었다.

이때 파리에서 프랑스 기타계의 유력인사인 알프레드 코틴과 친해졌다. 코틴은 세계적으로 유명한 기타 컬렉션을 소유하고 있었으며 뛰어난 기타리스트이기도 했다. 나폴레옹 코스트의 에튀드와 코스트의 소품집 〈기타리스트를 위한 황금의 책〉을 편찬, 출판해서 기타계에 큰 공적을 남기기도 했다. 타레가는 파리에 머물면서 코틴에게 많은 신세를 졌다. 그리고 바르셀로나의 비달 리모나 이 보세타 사에서 출판된 '알함브라 궁전의 추억' 최종판을 코틴에게 헌정했다.

●다니엘 포르테아~콘차 부인과의 이별

1898년에 타레가와 다니엘 포르테아가 만났다. 카스테욘에 머물 때였다. 여행 중이라도 타레가는 매일 연습을 빼먹지 않았다. 이를 엿들으려는 호기심 많은 사람들이 숙소 주위에 모여드는 것은 늘 있는 일이었다. 근처의 주민, 음악을 좋아하는 사람들이 연습 중인 방에서 흘러나오는 멋진 천재음악가의 예술로 귀를 즐겁게 했다.

어느날 밤의 일이었다. 평소처럼 타레가의 예술을 들으려 모여든 사람들 중에 군복을 입은 청년이 있었다. 날씨가 흐려지고 비가 왔기 때문에 흘러나오는 음악을 들으려 모인 사람들은 어쩔 수 없이 집으로 돌아갔다. 비는 폭풍이 되었다. 이 젊은 군인은 벼락이 쳐도 창가를 떠나지 않았다. 타레가는 비에 흠뻑 젖은 그 군인을 자기 방으로 불렀다.

이 젊은 군인이 20세 때의 다니엘 포르테아이며 타레가의 예술에 마음을 빼앗겨 폭풍우가 느껴지지 않았다고 한다. 이 일로 타레가와 다니엘 포르테아는 사제관계가 되었다. 포르테아는 카스테욘에 올 때마다 레슨을 받았다. 교외 마을의 연주회에서는 사제의 듀오를 들을 수도 있었다. 스승이 타계할 때까지 포르테아는 타레가를 최고의 스승으로 모시고, 타레가가 타계한 후에도 스승의 작품 출판과 위업을 후세에 전하는 작업을 소홀히 하지 않았다.

1898년에는 포르테아라는 생애에 걸친 애제자와의 만남이 있었다. 하지만 다음 해인 1899년에 콘차 부인과 헤어졌다. 감정의 갈등으로 타레가는 산 젤바시오탑을 떠나 발렌시아가의 자신의 집으로 돌아가야만 했다. 타레가를 자신만의 것으로 만들고 싶은 콘차 부인의 마음은 점점 더 강해졌다. 그리고 이 시기에 상식을 벗어난 행동을 하기 시작했다. 이런 이유로 타레가와 콘차 부인은 결별했다. 그리고 떠나간 타레가를 대신하듯이 콘차 부인은 이번에는 미구엘 로벳을 지원하게 된다. 콘차 부인의 강력한 네트워크에 의해 스페인 주요도시에서 로벳의 연주회가 준비되었고, 그는 토레스가 만든 훌륭한 기타도 제공받았다.

하지만 이런 일이 있음에도 타레가와 애제자 미구엘 로벳의 신뢰관계는 무너지지 않았다. 그 증거로 타레가는 로벳에게 '프렐류드 A단조'를 헌정했다.

●아르제~자주 병이 드는 나날들

타레가는 1897년 가을에 파리에서 연주회를 한 후부터 류머티스를 앓았다. 이것은 파리에서 신세를 졌던 코틴에게 보낸 편지에서 알 수 있다. 하지만 몸이 불편해도 요청이 있으면 연주여행을 했다. 1899년에는 파리에서 타레가의 모습을 볼 수 있었다. 그리고 같은 해에는 국내 투어를 했다. 우선 카스테욘에 몇 주간 머물렀고, 그 후 12월초에 말라가에 도착했다. 이곳에서 몇 가지의 작품을 편집, 작곡했다. 그리고 그 중 몇 곡을 편지로 친구와 지인에게 보냈다.

그 중 하나가 '알함브라 궁전의 추억'을 처음 쓴 악보였다. 1899년 12월 8일에 '즉흥곡~아라비아 찬가'라는 타이틀로 완성한 것이다. 그리고 이 작품을 콘차 부인에게 헌정했다. 이 악보 마지막 페이지에 타레가가 콘차 부인에게 보내는 메시지가 쓰여 있다. '당신의 성인(聖人)의 날에 값어치가 있는 것을 선물할 수는 없지만, 나의 소소한 시적인 음이니 받아주시기 바랍니다. 당신과 함께 그라나다의 빛나는 알함브라 궁전을 봤을 때의 인상을 노래한 것입니다'라고 되어있다. 이미 콘차 부인과의 인연을 끊은 상태였지만, 그녀에게 약간의 마음이 남아있었던 것일까? 밀월이 연상되는 타레가의 메시지가 무엇을 의미하는지 지금으로선 알 수 없다.

그 후, 안달루시아의 세비야에서 1개월을 보낸 후, 타레가는 아프리카 땅을 밟게 된다. 타레가가 남긴 헨델의 '미뉴에트' 편곡 손악보에는 '1900년 1월 12일 아르죄(Arzew)에서'라는 사인이 남아있어, 1900년 초를 이곳에서 보냈다는 것을 알 수 있다. 아르죄에서 만들어진 걸작이 '무어인의 춤'이다. 타레가 자신도 최고의 걸작이라고 인정했다. 그리고 아르죄에 머물면서 작곡가 카미유 생상스와 친해지게 된다.

카스테욘에서 시작해 안달루시아를 거쳐 아프리카에 도착하는 일련의 연주 투어에는 릭키가 동행했다. 1900년 4월 중순까지 아르죄에서 보냈으며, 그 후에는 릭키의 별장이 있는 마르세이유로 향했다. 바르셀로나로는 5월말에 돌아왔다. 그해 말에는 발렌시아에 몇 주 동안 머무르며 몇 가지를 작곡했다.

●타레가의 '주법'~푸홀과의 만남

1901년부터 타레가의 머릿속에는 제자들에게 가르쳐온 메소드를 체계화하려는 생각이 있었다. 그것은 친구이며 작곡가이자 오케스트라 지휘자였던 토마스 브레튼이 타레가에게 보낸 편지에서 알 수 있다. 타레가는 지금까지의 연주활동의 경위, 그리고 제자들에게 레슨을 한 경험을 바탕으로 어떠한 형태로든 자신의 주법을 정리하려고 했다. 많이 남아 있는 타레가의 연습곡 단편은 교본을 위한 것이라고 여겨진다. 하지만 연주가로서 충분한 경력을 쌓았고, 많은 제자를 길러낸 이 난세에서도 타레기의 주법에 대한 연구는 계속되었다.

1902년 에밀리오 푸홀이 아버지와 함께 타레가를 방문했다. 이때 푸홀은 16세였다. 그리고 뭔가 연주해보라는 말을 들은 소년 푸홀은 몇 곡을 연주했다. 연주를 마친 소년에게 타레가는 '오른손 손톱을 깎아라'는 어드바이스를 했다. 이렇게 해서 푸홀의 본격적인 기타 레슨이 시작되었다.

이 시기의 타레가는 '새로운 터치'를 시도했다는 것을 푸홀과의 만남에서도 알 수 있다.

1900년 중반부터 1902년 6월에 바르셀로나의 카페 '4마리 고양이'의 스테이지에 설 때까지 타레가는 터치 개혁을 하고 있었다. 타레가의 만년의 제자인 여류 기타리스트 호세피나 로브레도의 증언에 의하면 타레가의 손톱은 원래 잘 부러졌다고 한다. 그리고 어느날 부러진 손톱을 모두 다듬은 후 연주를 하니 '이상적인 사운드'가 났다고 한다. 타레가에게 있어서 '이상적인 사운드'는 어떤 것이었을까? 그것은 타레가 제자의 증언과 애제자들이 남긴 녹음에서 유추할 수밖에 없다. 그리고 이 점에 관해서 주의할 점은 타레가가 손가락끝 주법을 시작한 것은 1902년이라는 것이다. 그 전에 배우고 독립한 기타리스트, 예를 들어 미구

엘 로벳은 역시 손톱을 메인으로 사용한 주법이라는 것을 상상해볼 수 있다. 손가락끝 주법의 중요성을 지적한 것이 에밀리오 푸홀과 호세피나 로브레도 등 마에스트로의 만년의 제자들이다. 푸홀은 저서 〈타레가 전기〉에서 '현대 기타리스트 중에 타레가의 순수한 주법을 이어받은 사람은 거의 없다'고 했다. 타레가의 타계 후에는 손톱을 사용한 주법이 세계를 석권했다. 로벳과 그보다 후배격인 기타리스트 안드레스 세고비아, 레히노 사인스 데 라 마사가 손톱을 메인으로 연주를 했다. 그리고 이것이 기타 주법의 주류가 되었다. 푸홀이 〈타레가 전기〉를 출판한 것이 1960년이므로 이때의 기타 주법의 추세를 보고 위와 같은 발언을 했을 것이다.

그리고 타레가의 새로운 주법인 '손가락끝 주법'이 원하는 대로 연주되기 시작한 것은 1902년 6월 바르셀로나의 예술가들이 모이는 '4마리 고양이'에서 연주회를 했을 때다. 이때 주법이 어느 정도 완성된 것이다. 그 후에는 이어서 발렌시아, 알리칸테, 무르시아에서도 콘서트를 했다.

1902년 이후 타레가는 정력적으로 연주활동을 했다. 역시 레슨 수입만으로는 생계가 힘들었던 것이다. 바르셀로나와 발렌시아 지방을 중심으로 연주회가 나날이 이어졌다. 발렌시아에는 타레가의 '심퍼사이저(동조자)'가 많이 있었다. 각지의 기타 애호가 단체와 음악원에 의한 타레가의 콘서트가 기획되었다. 타레가는 연주활동을 하면서 바르셀로나에 있는 동안에는 제자들을 지도했으며 이것은 지방을 가더라도 이어졌다. 평소에는 만날 수 없는 제자들에게는 편지로 어드바이스를 했다. 특히 카스테욘에 사는 다니엘 포르테아에게 보낸 많은 편지가 남아있어 타레가의 스승으로서의 꼼꼼함을 느낄 수 있다.

그리고 이때 타레가는 조금씩이지만 청중을 앞에 두고 하는 공개연주가 싫어졌다는 것을 당시의 신문기사에서 알 수 있다. 굳이 말하자면 예정된 연주회가 끝난 후에 뒤풀이에서 친구나 친한 사람들을 만나서 연주하는 것을 더 좋아했던 것이다. 타레가의 콘서트에서 특징적인 것이 프로그래밍이다. 물론 신문과 잡지, 포스터에 프로그램은 공표되어있었지만, 본 공연에서는 그때의 기분에 따라 곡 순서를 바꾸는 일이 많았고 때로는 즉흥연주를 추가하는 경우도 있었다. 이런 일은 때로는 유료 연주회에서는 청중들에게 비판을 받는 경우도 있었다. 이런 이유로 타레가는 공개연주회가 싫어졌다고 여겨진다. 타레가는 '늦게 온 로망파'다. 19세기 중반에는 아직 즉흥연주의 습관이나 그 자리에서 청중의 분위기에 따라 프로그램을 정하는 것이 일반적이었다. 타레가와 같은 시대를 산 이삭 알베니즈도 즉흥연주의 명수였으며 피아노 롤에 그 연주가 남아있다. 20세기에 들어서는 재현된 연주에 의의를 두는 경향이 강해졌다. 청중은 예정된 '고전'을 듣고싶어 했다. 그러나 그런 풍조가 타레가에게는 불편했다. 그 장소의 영감에 따라 즉흥연주를 하거나 기분에 따라 다음 곡을 정하는 것이 타레가의 기타리스트로서의 최대의 기쁨이었다.

●이탈리아로

1903년에 타레가는 이탈리아로 연주여행을 떠난다. 이 이탈리아의 생활은 유학에 가까운 것이었다. 1월에 이탈리아로 향한 타레가와 동반한 인물은 발렌시아에 사는 사제이자 타레가의 제자이기도 한 프란시스코 코렐 사제, 피카냐의 사제인 마누엘 힐, 그리고 항상 마에스트로의 옆에 있던 의사 릭키였다. 코렐과 마누엘은 타레가의 연주여행을 수행하는 것은 물론, 카톨릭 성지를 방문한다는 기쁨에 들떠 있었다. 타레가 일행은 관광도 했다. 제노바, 밀라노, 피렌체, 나폴리, 로마의 유적을 둘러보았다. 이탈리아에서의 인상은 매우 강렬했으며 타레가는 아내에게 이탈리아에서 받은 감동을 편지로 써서 보냈다. 소렌토에 방문했을 때에는 그 지방의 민요인 '돌아오라 소렌토로'를 기타로 편곡했다. 나폴리에는 2개월이나 머물렀다. 결국 5월이 되어서 스페인으로 돌아 왔다. 이탈리아에서는 여러 차례 연주회를 했다. 이탈리아의 풍토가 타레가의 기질과 잘 맞아서 '스페인에 돌아가지 않아도 된다면 여기에 뼈를 묻고 싶다'라고 현지 신문의 취재에 답했다.

1903년 여름 전에는 스페인으로 돌아온 마에스트로를 확인할 수 있다. 그리고 8월에는 에밀리오 푸홀의 양친의 초대를 받아 그라나데라에서 며칠을 보냈다. 10월에 타레가는 발렌시아에서 자신의 작품 출판준비를 했다. 출판사는 '안티크 이 테나' 사이며 여기서는 이미 1902년에 곡집을 출판하기도 했다. 이번에는 2집을 위해 방문한 것이다.

●1904년

타레가는 1904년 1월 20일에 바르셀로나의 오르페오 리라협회의 명예회원으로 임명되었다. 그리고 2월에는 카스테욘, 알리칸테를 방문해서 연주회를 했다. 그리고 알리칸테 근교의 마을 알코이에서도 연주회를 했다. 알코이는 타레가가 만년에 즐겨 찾은 곳이며, 매년 이곳에서 며칠을 보내며 현지 기타 애호가들과 교류를 했다. 알코이 마을에서는 그 후, 호세 루이스 곤잘레스 (1933년 생)라는 거장이 출현했다. 그의 아버지도 열렬한 기타 애호가로 타레가의 연주를 듣고 기타를 시작했다고 한다. 그리고 그에게 기타를 가르쳐준 교사는 타레가의 직계 제자였다. 이처럼 알코이와 타레가의 관계는 매우 밀접했으며, 그 토양에서 세계적인 기타리스트 호세 루이스 곤잘레스가 나왔다는 것에도 수긍이 간다.

그리고 타레가는 알리칸테에서 발렌시아로 갔다. 6월 16일 현지 신문에는 이때의 연주회 평이 게재되어있다. 콘서트는 만석이었으며 연주회는 대성공이었다. 하지만, 제1부에서 '약간의 동요가 보였다'라는 코멘트가 있다. 타레가에게 있어서도 사람

앞에서 하는 연주는 긴장되는 일이며, 이것은 타레가의 섬세한 성격에 대해서 알 수 있는 기사라 흥미롭다.

발렌시아를 방문했을 때에는 반드시라고 해도 좋을 정도로 들르는 곳이 있었다. 파스쿠알 록의 공방이다. 기타리스트이자 기타 제작가인 그는 타레가의 제자이기도 했다. 나중에 그는 타레가에게서 배운 것을 교본으로 정리해서 스승의 주법을 후세에 남기는 일에도 열심이었다. 이곳에서 타레가는 한 명의 소녀를 소개받는다. 아직 12살의 호세피나 로브레도였다. 아버지의 손에 이끌려 마에스트로에게 소개된 호세피나에게 타레가는 뭐든 연주해보라고 했다. 이 연주에서 마에스트로는 소녀의 재능을 알아보았다. 그리고 다음날 호텔에서의 레슨을 약속했다. 그리고 호세피나에게도 손톱을 깎으라는 요구를 했다. 몇 가지 주법상의 어드바이스를 하고, 몇 가지 에튀드를 이 소녀에게 주고 다음날에도 오라고 했다. 이렇게 타레가가 발렌시아를 떠날 때까지 레슨은 매일 이어졌다. 그 후에도 이 소녀와 편지를 주고받으며 연습을 위한 적절한 어드바이스를 잊지 않았다. 발렌시아에 갔을 때에는 반드시 이 애제자에게 레슨을 했다. 하지만 이때부터 타레가의 건강이 좋지 않았던 때가 많아졌다. 이럴 때에는 호세피나는 어머니와 함께 바르셀로나의 타레가 집을 방문해서 레슨을 받았다. 이렇게 1904년부터 연주회 틈틈이 호세피나에게 레슨을 했다. 이 호세피나 로브레도가 타레가 만년의 손가락끝 주법을 완전히 마스터한 제자 중 한 명이다.

1904년에도 타레가의 연주활동은 활발하게 이어졌다. 카스테욘과 그 근교에서의 연주가 크게 호평을 받았다는 것은 신문기사를 통해서 알 수 있다. 제자인 다니엘 포르테아와의 듀오가 프로그램에 포함되어있어, 타레가가 포르테아를 진정한 애제자로 인정하고 있었다는 것을 알 수 있다. 고향인 비야레알에서도 타레가를 칭송하는 오찬회가 개최되었다. 타레가는 이미 동스페인에서 '전설적인 예술가'라는 칭호를 받았다. 이 해의 콘서트는 발렌시아에서 끝났다. 하지만 12월 초에 건강이 급격히 나빠져 급히 예정을 변경해 바르셀로나로 돌아왔다.

●1905년~발렌시아에 대한 그리움

1905년 1월 바르셀로나에 있던 타레가에게 발렌시아에 대한 그리움은 더욱 커져갔다. 발렌시아의 좋은 친구들, 호세피나 로브레도를 비롯한 재능 있는 애제자들…. 타레가는 발렌시아로의 이사를 결정했다. 그리고 일단 바르셀로나에서 급행열차를 타고 발렌시아로 향했다. 묶을 곳을 찾아달라는 부탁을 받은 호세피나의 아버지 호세 마리아 로브레도는 자신의 집에 머물러달라는 따뜻한 제안을 했다. 타레가는 그 온정을 받아들였지만 아직 건강은 호전되지 않았다. 그런 이유로 타레가의 발렌시아 도착은 예정보다 늦어진 2월 중순이 되었다.

발렌시아에서 호세피나 로브레도는 몸이 좋지 않은 마에스트로를 돌봤다. 어렸을 때 생긴 눈의 질환이 만년에 악화되어 타레가는 시력을 거의 잃어갔다. 더 악화되는 것을 막기 위한 눈의 위생조치도 호세피나가 맡았다. 그래도 타레가는 매일 기타 연습을 빼먹지 않았다. 저녁식사 후에는 호세피나와 타레가가 함께 기타 연습을 했다. 이 연습이 호세피나에 대한 레슨이었다. 제자가 연습에 싫증을 낼 무렵에는 주옥같은 연주를 애제자 앞에서 들려주곤 했다. 이것이 젊은 기타리스트를 위한 최고의 전수방식이었을 것이다. 스승과 같은 기초연습을 하고, 모범연주로 그 음을 귀에 기억시키는, 구전에 가까운 방법으로 타레가는 이 재능 있는 소녀를 최고의 여자 기타리스트로 키워나갔다. 타레가에게 있어서 발렌시아는 이제 바르셀로나보다 편안한 곳이 되었다. 하지만 1905년 5월 타레가는 가족이 기다리는 바르셀로나로 돌아갔다.

타레가는 건강상의 문제로 바르셀로나로 돌아간 후에는 장거리 여행을 주저하게 되었다. 1905년 여름은 바르셀로나에서 보내기로 했다. 호세피나는 바르셀로나의 마에스트로 자택에서 레슨을 받았다. 여름이 지나자 호세피나와 그녀의 어머니는 발렌시아로 돌아갔다. 이때 바이올리니스트 쥬앙 마넨이 타레가를 찾아온다. 출판사로부터 타레가와의 공동작업으로 기타의 교육을 위한 작품을 써달라는 의뢰를 받은 것이다.

하지만 마넨은 그 이야기를 타레가에게 하지 못했다. 이 기타리스트는 자신이 이상적이라고 생각하는 음악을 만들기 위해 아직도 주법 개혁을 하고 있는 중이었다. 그리고 이를 위해서는 많은 연습이 필요했다. 그 이야기를 들은 이 22세의 바이올리니스트는 일에 대한 이야기를 하지 못한 채 타레가의 방을 떠날 수밖에 없었다.

1906년 1월에 타레가는 다시 발렌시아에 있었다. 그리고 몇 개월을 발렌시아에서 보냈다. 그 후, 5월부터는 카스테욘 근교에서 몇 회의 콘서트를 했다. 그리고 6월 초에는 카스테욘에서 발렌시아로 향했으며, 발렌시아에서는 친구, 제자들과 함께 지냈다.

●바르셀로나에서의 레슨과 '타레가를 듣는 모임'

이처럼 타레가는 바르셀로나에 없는 날이 많았다. 그 대리로 바르셀로나에서 레슨을 한 인물이 프란시스코 타레가의 동생이자 바이올리니스트인 비센테였다. 푸홀도 그의 저서에 쓰여 있듯이 비센테는 어렸을 때부터 타레가의 기타 연주를 들었고, 형의 음악성에 경의를 표하고 있었다. 존경하는 형과 떨어져서 사는 것이 비센테에게는 견디기 힘든 일이며, 형이 결혼해서 바르셀로나에서 살게 되었을 때에도 마드리드의 일을 정리하고 바르셀로나에서 함께 살았을 정도였다. 물론 비센테의 레슨은 기타 주법

에 관한 것이 아니었으며, 푸홀의 레슨도 같은 타레가의 제자인 오레가리오 에스코라노와의 듀오로 진행되었다. 말하자면 비센테는 실내악 레슨을 한 것이다. 그리고 마에스트로가 돌아오면 진도를 체크했다. 비센테의 교수법이 타레가가 생각했던 대로였는지에 대해 잠시 이야기를 한 후 푸홀과 에스코라노의 듀오를 친구들과 함께 즐겼다고 한다.

1906년 여름에는 타레가의 친구인 카타리네우가 경제적으로 곤란한 상태에 있었던 타레가의 생활을 원조하기 위한 아이디어를 제안했다. 그것은 바르셀로나의 기타 애호가를 위한 '타레가를 듣는 모임'이라는 이름의 협회를 설립하고 타레가의 연주회를 2개월에 한 번씩 개최하는 것이었다. 그리고 그 수익을 타레가에게 주는 것이다. 이것은 타레가에게 매우 좋은 제안이었다. 첫 번째 연주회는 바르셀로나의 오래된 카페 '토스토'에서 진행되었다. 두 번째는 이 협회에 대한 아이디어를 낸 카타리네우 집의 정원. 그리고 세 번째 콘서트는 피아노 제작가인 카테우라의 집에서 진행되었다. 이 시기에 타레가는 이미 체력적으로 많이 약해져서 그의 연주회에 참석한 사람들도 그것을 느낄 수 있었다고 한다. '타레가를 듣는 모임'의 마지막 콘서트는 1906년 12월 23일에 진행되었다.

●반신불수의 타레가

1907년 1월에 이탈리아 여류 기타리스트인 마리아 리타 브론디가 레슨을 받기 위해 타레가를 방문했다. 그녀는 이미 이탈리아의 루이지 모짜니에게 배웠고, 연주가로서 활동을 시작했었다. 하지만 타레가의 음색을 들은 이 여류 기타리스트는 자신과 완전히 다른 숭고한 차원에 도달한 마에스트로의 경지에 경악했다. 흥분한 마리아 리타는 그날 밤 한숨도 못 잤다고 한다. 다음 날 아침 마리아 리타가 받은 레슨은 간단한 테크닉 수정과 음악상의 어드바이스뿐이었다. 아마도 그녀가 자국에서 쌓아온 경력을 고려한 것이라 생각된다. 기타리스트로서의 뛰어난 소질을 이 기타리스트가 가지고 있다는 것도 타레가는 직감으로 이해했던 것이다. 그녀는 마에스트로의 예감대로 단기간에 타레가의 스타일을 배워나갔다. 마리아 리타를 이 마에스트로가 인정했다는 증거로, 타레가는 자작곡 '미뉴에트'를 그녀에게 헌정했다. 그리고 마리아 리타 브론디는 이탈리아에서 타레가 주법의 전도사로 활동하게 된다.

1907년 1월 말의 어느 날 밤, 식당의 의자에 앉아 기타를 연습하고 있던 타레가는 뇌혈전증 발작을 일으켰다. 의사의 치료도 소용이 없었다. 타레가는 오른쪽 반신불수가 되었다. 기억상실증으로 인해 작곡도 할 수 없었다. 그리고 지금까지의 레파토리도 기억의 저편으로 사라져버렸다. 무엇보다 평생에 걸쳐서 주법을 개혁했던 오른손 손가락의 움직임도 완전히 멈추었다.

마에스트로의 낙담은 엄청났다. 기타가 없는 인생은 의미가 없다. 이렇게 생각하니 살아갈 기력도 점점 말라갔다. 하지만 '강철과 같은 의지'로 자신의 기술을 연마해온 마에스트로는 빠르게 부활을 하게 된다. 재활훈련의 효과도 있었겠지만 역시 강한 정신력이 타레가를 부활시킨 것이다.

3월 초가 되자 타레가는 침대 위에서 30분 정도 일어설 수 있게 되었고, 서서히 기타를 잡을 수도 있었다. 자유롭게 움직이는 왼손으로 돌처럼 굳은 오른손 손가락 하나하나를 움직였다. 조금씩이었지만 회복의 조짐이 보였다. 이것은 타레가의 강한 정신력 덕분이다. 매일 손가락의 유연성과 움직임의 회복을 위한 훈련을 했다. 사실상 완전 제로에서 시작하는 것이었지만, 손가락이 움직이면서 기억력도 회복되었다. 기본적으로 타레가 일가는 연주회의 수입으로 생활을 했기 때문에 이 병으로 인한 휴업은 가계에 큰 타격을 주었다. 동생 비센테의 바이올리니스트로서의 수입만으로는 감당할 수 없었다. 타레가는 자신의 작품을 출판해서 수입을 내려고 했다. 그런 이유로 비달 리모나 보세타 출판사와 매월 5곡을 쓰는 조건으로 500페세타를 받는 계약을 맺었다. 이렇게 출판된 작품에 '알함브라 궁전의 추억', '마리아'도 포함되어 있다.

●기타리스트로서의 부활

1907년 7월에는 타레가의 기타리스트로서의 감각이 대부분 돌아왔다. 발렌시아에서 콘서트를 했던 것을 보면 그의 손가락이 어느 정도 회복되었다는 것을 알 수 있다. 이때 발렌시아에서 도움을 받았던 모란토일가에게 쓴 편지에 '완전하지는 않지만 예전처럼 연주할 수 있게 되었습니다'라고 쓰여있다. 10월의 일이었다.

반신불수가 되었던 운명에 의해 예전에 결별한 콘차 부인의 마음도 변화되었다. 그녀의 조카딸과 그 아버지는 타레가와 계속 교류를 하고 있었다. 그들을 통해서 타레가의 비극적인 상황을 듣게 된 콘차 부인은 가만히 있을 수 없었다. 그리고 드디어 마에스트로를 찾아왔다. 과거 자신의 무례에 대해 사과하고 좋은 친구로서 화해를 했다. 그리고 경제적인 어려움을 겪고 있는 타레가가를 원조하기로 했다.

타레가는 본격적으로 연주활동을 시작하려고 했다. 콘서트 투어를 시작하기 전에는 발렌시아를 방문해 애제자 호세피나 로브레도를 데뷔시켰다. 이 데뷔 콘서트는 11월 16일에 음악원 홀에서 진행되었다. 이때 호세피나 로브레도는 15세였다. 이미 그해 여름 전에 호세피나 아버지의 사업이 좋지 않게 되어, 가계를 돕기 위해서는 그녀의 수입에 의존할 수밖에 없었다. 어떻게 보면 타레가는 호세피나의 실력이 더욱 향상된 후에 데뷔하는 게 좋았을 것이라 생각했을 수도 있다. 하지만 타레가 본인도 반신불수의 재활훈련을 하던 시기였고 가족의 생계를 위해서라는 호세피나 아버지의 의견도 충분히 이해가 되었다. 적어도 스승으로서 데뷔를 위해 프로그램의 어드바이스와 후견인으로서 발렌시아를 방문하는 것은 의무라고 생각했을 것이다.

타레가 자신도 연주회 투어를 시작했다. 우선 기타 애호가들이 기다리고 있는 알코이, 그리고 알리칸테에서 몇 회의 콘서트를 했다. 알코이에서의 연주회는 대성공이었다. 하지만 알리칸테에서 타레가를 맞이한 친구들은 그의 안색이 좋지 않다는 것을 알아챘다. 그리고 알리칸테에서의 연주회를 아는 사람들끼리의 소규모로 변경하면 어떨까라고 타레가에게 제안했다. 사실 이들은 많은 관중들 앞에서 타레가가 긴장하는 것을 피하게 하려고 한 것이다. 섬세하고 민감한 타레가는 만년이 될수록 청중 앞에서 긴장하고 동요하는 모습을 보여 왔기 때문이다.

이 배려에 마에스트로의 자존심은 크게 상처를 입었다. 타레가는 이 제안을 정중히 거절했다. 그리고 알리칸테에서 콘서트를 하지 않고 바르셀로나로 돌아갔다. 바르셀로나로 돌아가는 도중에는 발렌시아에 들러 친구들을 방문했다.

●만년~마에스트로의 죽음

1908년이 되자 타레가의 건강은 더욱 악화되었다. 어지러움이 심해져 식사 전에는 산책을 했다. 이 산책에 제자인 에밀리오 푸홀이 함께 하기도 했다. 긴 산책 동안 마에스트로가 좋아할만한 이야기를 해주고, 눈이 잘 보이지 않는 마에스트로를 위해 신문을 읽어주기도 했다. 타레가도 제자에게 지금까지 자신의 인생에서 일어났던 일과 음악에 대한 자신의 생각을 이야기해주었다. 이 시기에 타레가는 컨디션이 좋을 때에는 친구들이 있는 발렌시아와 카스테욘을 방문했다. 친한 사람들만 모아 연주회를 하고, 각지에 사는 제자와 타레가의 이해자들과의 친교를 더욱 깊게 했다.

1909년 5월에는 카스테욘에서 콘서트를 했다. 이 연주회는 신문에도 알려졌다. 공적인 연주회였다. 이 콘서트는 '병이 들기 전보다 연주의 매력이 커졌다'라는 신문평이 날 정도의 절찬을 받았다. 타레가의 연주회는 회를 거듭할수록 훌륭해졌다. 6월에는 잠시 바르셀로나의 집으로 돌아갔으며, 더운 여름이 올 때쯤에는 아내의 고향인 노벨다로 향했다. 그리고 그 후에는 아내의 오빠인 에드알도가 있는 모노바르에서 여름을 보냈다.

모노바르는 시골이었지만 그곳의 주민들도 '기타의 천재 타레가'의 이름을 알고 있었다. 타레가는 형님 저택의 정원에서 타레가의 기타를 들으려 모여든 주민들을 위해 작은 연주회를 열었다.

10월 중순에는 잠시 발렌시아로 갔다. 알리칸테에 사는 친구들의 요청에 의해 알코이에서 연주회가 개최되었다. 그리고 알코이에서 크라라로 향했다. 여기서는 친구인 메로가 콘서트를 기획해주었다. 이것이 공개연주로서는 타레가 최후의 연주회가 되었다.

이 연주회 후, 타레가는 피카냐의 사제 마누엘 힐을 방문했다. 그는 오랜 친구이자 타레가와 함께 이탈리아 여행을 한 적이 있는 인물이다. 힐의 집인 사제관은 성당과 연결되어있었다. 타레가의 연습용으로 사용할 수 있도록 허가를 받은 식당에서는 신자들이 노래하는 성가와 기도 소리가 들려왔다. 그 소리를 들으면서 타레가는 영감이 이끄는 대로 즉흥연주를 했다. 이렇게 탄생된 것이 타레가의 유작인 '오레무스'다. 이 곡은 슈만의 '앨범리프 Op.124'의 제5번에서 테마를 가져왔다. '오레무스'는 라틴어이며 그 의미는 '우리 기도하네'다. 마누엘 힐의 음악수첩에 남겨진 이 작품이 타레가의 마지막 작품이며, 그 날짜는 1909년 12월 2일이다.

12월 3일에 몸의 이상을 느낀 타레가는 곧바로 바르셀로나로 돌아갔다. 12월 8일에는 병이 더욱 악화되었고, 13일부터 14일에 걸쳐서 심한 권태감과 불면증에 시달렸다. 15일에는 혼수상태에 빠져 그대로 의식불명이 되었다. 그리고 이날 새벽에 타계했다.

위대한 기타리스트, 프란시스코 데 아시스 타레가 이 에익세아는 1909년 12월 15일 새벽에 타계한 것이다. 그리고 그날 오후에 타레가의 유해가 담긴 관이 바르셀로나의 서남묘지로 옮겨졌다. 다음날 이후 각지의 신문에서 이 위대한 기타리스트의 죽음을 애도하는 기사가 이어졌다.

그 후, 타레가의 유해를 카스테욘으로 옮기기를 원하는 카스테욘 시민들의 바램이 커졌다. 타레가가 태어난 비야레알도 역시 타레가의 묘소의 건설을 원하고 있었지만 결국은 마에스트로의 유족의 의사에 맡겨졌다. 생전부터 타레가가 원했던 카스테욘으로 유해를 옮기기로 했다.

1915년 12월에 바르셀로나의 묘지에서 타레가의 유해가 이장되었다. 이 이장 작업 때에 찍힌 사진에서는 수많은 기타 관계자들의 얼굴을 볼 수 있다. 기타 제작가인 엔리케 가르시아, 미구엘 로벳의 얼굴과 함께 젊은 시절의 안드레스 세고비아의 모습도 볼 수 있다.

●끝으로

1897년에 바르셀로나에서 시작된 '4마리 고양이'는 개점 7년째에 상당한 부채를 안고 폐점 위기에 몰렸다. 이곳은 알베니즈, 그라나도스가 단골이었고, 젊은 파블로 피카소가 호시탐탐 세상에 나올 기회를 엿보고 있었다. 세상은 20세기의 새로운 문화조류를 향해 흘러가고 있었다.

타레가는 그런 의미에서 로망파의 잔재 속에서 살아온 인물이

다. 베토벤을 숭배하고 그의 삶을 표본으로 삼았다. 고전 속에서 철학을 찾고, 그것을 표방하며 살았다.

바르셀로나의 인구는 계속 증가했다. EXPO가 개최되었던 1888년에는 27만 명 정도였지만, 3년 후에는 51만 명까지 되었다. 제2회 EXPO가 바르셀로나에서 개최된 1929년에는 100만 명을 돌파했다. 다른 유럽도시에서는 전례를 찾아볼 수 없는 증가율이었다. 근대화가 진행되어 좋은 의미에서도 나쁜 의미에서도 사람들에게는 힘이 충만한 장소였다. 이 대도시에서 문화적으로 새로운 것들이 탄생했다. 하지만 타레가는 그 물결에 올라타지 않았다. 오히려 그 물결에 휘말리지 않는 삶을 선택한 것 같다. 특히 만년에는 대도시 바르셀로나보다 레반테 지방의 시골에서 지내는 일이 많았다.

음악적으로 타레가는 고전의 대가들의 세계에서 자신의 이상적인 음악상을 추구한 것으로 보인다. 그것은 첼리스트인 파블로 카잘스가 바흐의 첼로 조곡을 재발견하고 여기에서 무한의 가능성을 찾으려 한 자세와 통하는 면이 있다. 도밍고 프라토가 1934년에 출판한 〈기타리스트 사전〉를 보면, 타레가가 소르, 아구아도 등의 19세기의 클래식 기타 거장들의 작품을 의욕적으로 연주하지 않았다는 점에서 부정적이었다. 타레가가 편곡작품에 시간을 너무 많이 할애한 나머지 본래 클래식 기타의 오리지널 레퍼토리의 가치를 잃어버렸다는 의견이다. 하지만 타레가는

지금까지 소개한 것처럼 매우 낭만파적인 삶을 산 인물이다. '영원불멸의 고전'을 추구했던 것이다. 그와 동시에 전 시대의 연주 습관, 즉 청중에게 받아들여지기 쉬운 오페라와 유행가의 편곡도 연주회 레퍼토리에 있었다. 이런 면에서 프라토는 타레가의 위업을 칭송하면서도 부정적인 자세를 취했을 것이다. 하지만 만약 타레가가 소르, 아구아도 등의 고전만 연주했더라면 기타 주법상의 새로운 테크닉은 생겨나지 않았을 것이며, 기타계는 클래식 음악을 연주하기 위한 표현법을 가질 수 없었을 지도 모른다.

사실상 20세기 기타계로의 전개는 타레가의 제자들, 후배들에게 맡겨지게 되었다. 미구엘 로벳과 안드레스 세고비아가 타레가가 쌓아 놓은 기반을 바탕으로 클래식 기타가 현재의 형태로 연결되도록 발전시켰다. 하지만 그 바탕을 만든 것은 역시 타레가다. 19세기 기타 황금기의 기타리스트들과는 다른 세계를 개척한 것이다.

타레가가 '천재'라는 사실을 부정하는 사람은 없을 것이다.

하지만 이 천재도 앞 시대와 단절된 형태로 세상에 나타난 것은 아니다. 어떠한 예술의 천재라도 그가 살았던 시대, 그리고 그 앞 시대의 영향을 완전히 배제한다는 것은 불가능하다. 문제는 어떤 한 예술가를 둘러싼 상황과 역사적인 것을 각 개인이 어떻게 생각할 것인가에 있다. 타레가와 마찬가지로 스페인 출신의 화가인 파블로 피카소를 '천재'라고 부르지 않는 사람은 없다. 피카소도 과거의 회화를 철저하게 연구하는 자세를 평생 이어왔고, 그 위에 피카소가 살고 있는 시대, 그리고 미래까지 내다보며 '새로운 예술'을 만들어낸 것이다. 이런 점에서 기타 역사의 안드레스 세고비아는 피카소와 비슷한 존재일지도 모른다.

타레가의 테크닉과 음악에 대한 철학을 그 시대의 배경과 일반 음악사상의 움직임에 위치를 매기는 작업이 우리들의 과제라고 생각한다. 다양한 관점에서 타레가라는 음악가를 재평가하고 19세기부터 우리들이 살고 있는 21세기까지의 역사를 살펴보면서 이 위대한 기타리스트의 업적을 상세히 재검토하는 작업이 필요하다.

카스테욘 데 라 브라나의 리바르타 공원에 설치되어 있는 타레가의 흉상.

타레가 걸작선 21~모범연주CD

	TRACK	연 주
1	Lagrima	키쿠치 마치코
2	Adelita	키쿠치 마치코
3	Preludio No.2	케즈카 코우이치
4	Preludio No.5	케즈카 코우이치
5	Preludio No.11	케즈카 코우이치
6	Estudio Brillante de Alard	케즈카 코우이치
7	Serenata Española	케즈카 코우이치
8	Capricho Arabe	케즈카 코우이치
9	María	케즈카 코우이치
10	Endecha y Oremus	레오나르도 브라보
11	Preludio No.7	레오나르도 브라보
12	Romanza ~ Barcarola Veneciana	레오나르도 브라보
13	Danza Mora	레오나르도 브라보
14	Gran Jota	김용태
15	El Columpio	후지이 케이고
16	Rosita	후지이 케이고
17	Alborada	후지이 케이고
18	Pavana	후지이 케이고
19	Mazurka	후지이 케이고
20	Marieta	후지이 케이고
21	Recuerdos de la Alhambra	후지이 케이고

타레가 걸작선 21

2018년 3월 26일 발행

지은이 현대기타사 편집부

펴낸곳 SRM(에스알엠)
펴낸이 하성훈
주소 서울시 서초구 반포대로 22길 85 에덴빌딩 3층
전화 편집부/02-587-5158 · 영업부/02-587-5157
등록번호 제16-2389 · **등록일자** 2001년 4월 26일
인터넷 홈페이지 www.srmusic.co.kr
디자인 양은주
마케팅 신동수

값 15,000원
ISBN 979-11-86471-77-7